泉城文库

泉水文化丛书

第一辑　雍坚　主编

编著　雍坚

珍珠泉泉群

济南出版社

图书在版编目（CIP）数据

珍珠泉泉群 / 雍坚编著 . —— 济南：济南出版社，
2024.7. ——（泉水文化丛书 / 雍坚主编）. —— ISBN
978-7-5488-6598-8

Ⅰ . K928.4

中国国家版本馆 CIP 数据核字第 20244AA209 号

珍珠泉泉群

ZHENZHUQUAN QUANQUN

雍　坚　编著

出 版 人　谢金岭
责任编辑　贾英敏
封面设计　牛　钧
图片统筹　左　庆

出版发行　济南出版社
地　　址　山东省济南市二环南路 1 号（250002）
总 编 室　0531-86131715
印　　刷　济南新先锋彩印有限公司
版　　次　2024 年 7 月第 1 版
印　　次　2024 年 7 月第 1 次印刷
开　　本　160mm×230mm　16 开
印　　张　13.25
字　　数　164 千字
书　　号　ISBN 978-7-5488-6598-8
定　　价　60.00 元

如有印装质量问题　请与出版社出版部联系调换
电话：0531-86131736

总序

　　文化，源自《周易》中所讲的"观乎人文，以化成天下"。自然形态的泉水，在与人文影响相结合后，才诞生了泉水文化。通过考察济南泉水文化的衍生轨迹，可以看到，泉水本体在历史上经历了从专名到组合名、从组合名到组群名这样一个生发过程。

　　"泺之会"和"鞌之战"是春秋时期发生于济南的两件知名度最高的大事（尽管"济南"这一地名当时尚未诞生）。非常巧合的是，与这两件大事相伴的，竟然是两个泉水专名的诞生。《春秋》记载，鲁桓公十八年（前694），鲁桓公和齐襄公在"泺"相会。"泺"，源自泺水。而"泺水"，既是河名，又是趵突泉之初名。北魏郦道元在《水经注》中推测，泺水泉源一带即"公会齐侯于泺"的发生地。"鞌之战"发生于鲁成公二年（前589），《左传》记述此战时，首次记载华不注山下有华泉。

　　东晋十六国时期，第三个泉水专名——"孝水"（后世称"孝感泉"）诞生。南燕地理学家晏谟在《三齐记》中记载："其水平地涌出，为小渠，与四望湖合流入州，历诸廨署，西入泺水。耆老传云，昔有孝子事母，取水远。感此，泉涌出，故名'孝水'。"北魏时期，郦道元在《水经注》中，所记济南泉水专名有6个，分别是泺水、舜井、华泉、西流泉、

001

白野泉和百脉水（百脉泉）。北宋，济南泉水家族扩容，达到30余处。济南文人李格非热爱家乡山水，曾著《历下水记》，将这30余处泉水详加记述，惜未传世。后人仅能从北宋张邦基所著《墨庄漫录》中知其梗概："济南为郡，在历山之阴。水泉清冷，凡三十余所，如舜泉、爆流、金线、真珠、孝感、玉环之类，皆奇。李格非文叔作《历下水记》叙述甚详，文体有法。曾子固诗'爆流'作'趵突'，未知孰是。"

伴随着济南泉水专名的增加，到了金代，济南泉水的组合名终于出场，这就是刻在《名泉碑》上的"七十二泉"。七十二，古为天地阴阳五行之成数，亦用以表示数量众多，如《史记》载"古者封泰山禅梁父者七十二家"、唐诗《梁甫吟》中有"东下齐城七十二"之句。金《名泉碑》未传世至今，所幸元代地理学家于钦在《齐乘》中将泉名全部著录，并加注了泉址，济南七十二泉的第一个版本因此名满天下。金代七十二泉的部分名泉在后世虽有衰败隐没，但"七十二泉"之名不废，至今又产生了三个典型版本，分别是明晏璧《济南七十二泉诗》、清郝植恭《济南七十二泉记》和当代"济南新七十二名泉"。此外，明清时期，还有周绳所录《七十二泉歌》、王钟霖所著《历下七十二泉考》等五个非典型七十二泉版本出现。如果把以上九个版本的"七十二泉"合并同类项，总量有170余泉。从金代至今，只有趵突泉、金线泉等十六泉在各时期都稳居榜单。

俗语云："物以类聚，人以群分。"意为同类的事物经常聚集在一起，志同道合的人往往相聚成群。当济南的泉水达到一定数量时，"泉以群分"的现象就应运而生了。

20世纪40年代末，济南泉水的组群名开始出现。1948年，《地质论评》杂志第13卷刊发国立北洋大学采矿系地质科学者方鸿慈所著《济南地下水调查及其涌泉机构之判断》一文，首次将济南泉水归纳为四个涌泉群：趵突泉涌泉群（内城外西南角）、黑虎泉涌泉群（内城外东南角）、贤清泉涌泉群（内城外西侧）和北珍珠泉涌泉群（内城大明湖南侧）。

1959 年，山东师范学院地理系教师黄春海在《地理学资料》第 4 期发表《济南泉水》一文，将济南市区泉水划分为趵突泉泉群、黑虎泉泉群、珍珠泉泉群、五龙潭泉群和江家池泉群。同年，黄春海的同事徐本坚在《山东师范学院学报》第 4 期发表《泰山地区自然地理》一文，提出济南市区诸泉大体可分为四群：趵突泉泉群、黑虎泉泉群、五龙潭泉群、珍珠泉泉群。此种表述虽然已经与后来通行的表述一致，但当时并未固定下来。1959 年 11 月，山东师范学院地理系编著的《济南地理》（徐本坚是此书的参编者之一）一书中对济南四大泉群又按照方位来命名，分别是：城东南泉群、城中心泉群、城西南泉群、城西缘泉群。

通过文献检索可知，济南四大泉群的表述此后还经历了数次变化和反复。譬如，1964 年 4 月，郑亦桥所著《山东名胜古迹·济南》一书中，将济南四大泉群表述为"趵突泉群、黑虎泉群、珍珠泉群和五龙潭泉群"；1965 年 5 月，山东省地质局水文地质观测总站所编《济南泉水》中，将济南四大泉群表述为"趵突泉—白龙湾泉群、黑虎泉泉群、五龙潭—古温泉泉群和王府池泉群"；1966 年，油印本《济南一览》一书中，将济南四大泉群表述为"趵突泉泉群、黑虎泉泉群、五龙潭泉群和珍珠泉泉群"，与 1959 年发表的《泰山地区自然地理》一文所述一致；1986 年，山东省地图出版社编印的《济南泉水》中，将四大泉群复称为"趵突泉群、黑虎泉群、五龙潭泉群和珍珠泉群"；1989 年，济南市人民政府所编《济南历史文化名城保护规划图集》将济南四大泉群复称为"趵突泉泉群、珍珠泉泉群、五龙潭泉群和黑虎泉泉群"。此后，这一表述才算固定下来。

2004 年 4 月 2 日，由济南名泉研究会、济南市名泉保护管理办公室组织进行的历时五年的济南新七十二名泉评审结果揭晓，同时还公布了新划出的郊区六大泉群，这样加上市区原有的四大泉群，就有了济南十大泉群的划分，它们是：趵突泉泉群、黑虎泉泉群、珍珠泉泉群、五龙潭泉群、白泉泉群、涌泉泉群、玉河泉泉群、百脉泉泉群、袈裟泉泉群、洪范池泉群。十大泉群的划分，是本着有利于泉水的保护和管理、有利于旅游和开发的原则，依据泉水的地质结构、流域范围，在20平方公里范围内有泉水数目20处以上，且泉水水势好，正常年份能保持常年喷涌，泉水周围有良好的自然环境和历史文化内涵等标准进行的。

2019年1月，国务院批复同意山东省调整济南市、莱芜市行政区划，撤销莱芜市，将其所辖区域划归济南市管辖。伴随着济莱区划调整，新设立的济南市莱芜区和济南市钢城区境内的泉水，加入济南泉水大家族。2020年7月至2021年7月，济南市城乡水务局（济南市泉水保护办公室）再次开展全市范围内的新一轮泉水普查工作。在泉水普查的基础上，邀请业内专家对新发现的500余处泉水逐一进行评审，新增305处泉水为名泉，其中，莱芜区境内有72泉，钢城区境内有30泉。2023年，在《济南市名泉保护总体规划（2023—2035年）》编制过程中，根据泉水出露点分布情况，结合历史人文要素与自然生态条件划定了十二片泉群，即趵突泉泉群、黑虎泉泉群、珍珠泉泉群、五龙潭泉群、白泉泉群、涌泉泉群、百脉泉泉群、玉河泉泉群、袈裟泉泉群、洪范池泉群、吕祖泉泉群及舜泉泉群。其中，吕祖泉泉群（莱芜区境内诸泉）和舜泉泉群（钢城区境内诸泉）为新增。

稍加回望的话，在市区四大泉群之外，济南郊区诸泉群名称的出现，也是有迹可循的。1965年7月，山东省地质局八〇一队李传谟在油印本《鲁中南喀斯特及其水文地质特征的研究》中记载了今章丘区境内的明水镇泉群（包括百脉泉）、绣水村泉群，今长清区境内的长清泉群，今莱芜区境内的郭娘泉群。据2013年《济南泉水志》记载，20世纪80年代后，省市有关部门及高校有关科研人员和学者，对济南辖区内的泉群及其泉域划分形成了各种不同的说法，但济南辖区内有三个泉水集中出露区和七个泉群的说法，为大多数人所认同。三个集中出露区即济南市区（包括东郊、西郊）、章丘区明水、平阴县洪范池一带；七个泉群即趵突泉泉群、黑虎泉泉群、五龙潭泉群、珍珠泉泉群、白泉泉群、明水泉群、平阴泉群。

泉群是泉水出露的一种聚集形式。泉群的划分，则是对泉水分布所作的人为圈定，如根据泉水分布的地理区域集中性、泉水的水文地质条件进行的划分，以及从泉水景观的保护、管理和开发等角度进行的划分。因此，具体到每个泉群内所含的泉水和覆盖范围，亦是"时移事异"的。以珍珠泉泉群为例，1948年，方鸿慈视野中的北珍珠泉涌泉群，仅有"北珍珠泉、太乙泉等8处以上泉水"；1966年油印本《济南一览》中，珍珠泉泉群有珍珠泉等10泉；1981年济南市历下区地名办公室所绘《济南历下区泉水分布图》上，将护城河内老城区中的34泉悉数列入珍珠泉泉群；1997年《济南市志》将珍珠泉泉群区域再度缩小，称"位于旧城中心的曲水亭街、芙蓉街、东更道街、院前街之间"，共有泉池21处（含失迷泉池2处）；2013年《济南泉水志》将珍珠泉泉群的范围扩大至老城区中所有的有泉区域，总量也跃升为济南市区四大泉群之首，计有74处；2021年9月，伴随着"济南市新增305处名泉名录"的公布，护城河以内济南老城区的在册名泉（珍珠泉泉群）达到107处。

当代，记述济南泉水风貌、泉水文化的出版物已有多种，可谓琳琅满目，而本丛书以泉群为单位，对济南市诸泉进行风貌考察、文化挖掘、名称考证，便于读者从泉水群落的角度去考察、关注、研究各泉的来龙去脉。十二大泉群之外散布的名泉，皆附于与其邻近的泉群后一一记述，以成其全。如天桥区散布的名泉附于五龙潭泉群之后，近郊龙洞、玉函山等名泉附于玉河泉泉群之后。

值得一提的是，本丛书所关注的济南各泉群诸泉，并不限于当代业已列入济南名泉名录的泉水，还包括各泉群泉域内的三类泉水：一是新恢复的名泉，如珍珠泉泉群中新恢复的明代名泉北芙蓉泉；二是历史上曾经存在、后来湮失的名泉，如趵突泉泉群中的道村泉、通惠泉，白泉泉群中的老母泉、当道泉，吕祖泉泉群中的郭娘泉、星波泉；三是现实存在，但未被列入名泉名录的泉水，这些泉水或偏居一隅，鲜为人知，如玉河泉泉群中的中泉村咋呼泉、鸡跑泉，或季节性出流，难得一见，如袈裟泉泉群中的一口干泉、洪范池泉群中的天半泉。在济南泉水大家族中，它们虽属小众，但往往是体现济南泉水千姿百态的另类注脚。

本丛书在编撰过程中参考了《千泉之城——泉城济南名泉谱》等众多当代济南泉水文化出版物，得到了济南市城乡水务局（济南市泉水保护办公室）、济南市勘察测绘研究院、山东省地矿局八〇一水文地质工程地质大队等单位的大力支持，谨此诚致谢忱！

亘古以来，济南的泉脉与文脉交相依存，生生不息。济南文化之积淀、历史之渊源，皆与泉水密切相关。期待这套《泉城文库·泉水文化丛书》开启您对济南的寻根探源之旅！

雍坚

2024 年 6 月 10 日

目录

珍珠泉泉群概述 / 001

珍珠泉 / 005

散水泉 / 009

溪亭泉 / 012

沃泉 / 016

瀺泉 / 017

存心泉·承运泉 / 020

九角泉 / 022

碧玉泉 / 024

云楼泉 / 025

源泉 / 027

腾蛟泉·起凤泉 / 028

穆扬泉 / 031

濯缨泉（王府池子） / 032

灰泉 / 035

知鱼泉 / 037

清泉 / 039

小王府池 / 040

太乙泉 / 042

饮马池 / 044

玉枕泉·神庭泉 / 046

金波泉 / 048

平泉 / 049

银珠泉 / 050

金菊泉 / 051

珍玉泉 / 052

芙蓉泉 / 053

南芙蓉泉 / 056

朱砂泉 / 058

则灵池 / 061

水芝泉·水华泉·水芸泉 / 062

苏家井 / 064

武库泉·关帝庙泉 / 065

泮池 / 067

华池·芙蓉池 / 069

玉环泉 / 071

惠民泉（井） / 074

长椿泉 / 076

凤翥池 / 078

华笔池 / 080

玉乳泉 / 083

瑞雪泉 / 086

大比泉 / 088

鞭指井 / 090

状元井 / 091

古双忠泉 / 092

双忠泉 / 094

不匮泉 / 096

天净泉 / 099

厅泉 / 100

太平井 / 101

广福泉 / 102

罗家泉 / 103

忠孝泉 / 104

孟家井 / 105

福德泉 / 106

鸳鸯泉 / 107

雪泉·放生池 / 108

名士泉 / 110

厨泉 / 111

公界泉 / 112

熨斗泉 / 113

纹银泉 / 114

启福泉·启禄泉·启寿泉·启喜泉 / 115

华家井 / 117

羊脂泉 / 119

涌锡泉 / 120

启泽泉 / 121

孝感泉 / 122

太平寺街二泉 / 126

太平泉 / 128

启润泉 / 130

升仙泉 / 131

太极泉 / 132

刘氏泉 / 133

佐泉·佑泉 / 135

曲水泉 / 137

石榴泉 / 138

岱宗泉 / 139

术虎泉 / 140

北芙蓉泉 / 142

六角泉 / 145

厚德泉 / 146

九华泉 / 147

兴隆泉 / 149

澄怀泉 / 150

广庭泉 / 151

院后泉·院北泉 / 152

同元井 / 154

珍池·王庙池 / 156

步月泉（鉴泉） / 158

中央泉 / 160

县西巷四泉 / 162

永安泉 / 163

县西泉 / 164

县东泉 / 165

罗姑泉 / 166

玉德泉 / 168

感应井泉 / 169

大方池 / 171

沧浪泉·秋柳泉 / 172

会波泉 / 174

玉露泉 / 176

司家井 / 178

扇面泉 / 180

舜井 / 182

香泉 / 186

杜康泉 / 188

历山泉 / 190

墙中泉·楼下泉·屋内泉 / 192

珍珠泉泉群概述

珍珠泉泉群初称"北珍珠泉涌泉群"。1948 年，国立北洋大学地质系学者方鸿慈在《地质论评》杂志发表《济南地下水调查及其涌泉机构之判断》一文，首次将济南泉水归纳为四个涌泉群，即趵突泉涌泉群、黑虎泉涌泉群、贤清泉涌泉群和北珍珠泉涌泉群。

1959 年，山东师范学院地理系的两位教师黄春海、徐本坚，各自在所发论文中提及济南市区泉水可分四个泉群，其中之一为"珍珠泉泉群"。但是，1959 ~ 1966 年间，"珍珠泉泉群"的名称表述并不固定，尚有多种表述。如 1959 年 11 月，山东师范学院地理系编著的《济南地理》称之为"城中心泉群"。1964 年 4 月，郑亦桥所著《山东名胜古迹·济南》称之为"珍珠泉群"。1965 年 5 月，山东省地质局水文地质观测站所编《济南泉水》称之为"珍珠泉—王府池泉群"。1966 年成书的油印本《济南一览》对珍珠泉泉群名称的表述再次回归 1959 年黄春海、徐本坚的提法——"珍珠泉泉群"。1986 年山东省地图出版社出版的《济南泉水》称之为"珍珠泉群"。1989 年济南市人民政府编的《济南历史文化名城保护规划图集》称之为"珍珠泉泉群"。经历了上述种种别称后，这一名称自此正式固定下来。

与群名变化相比，珍珠泉泉群内涵的变化则持续时间更久，可以说从 1948 年一直持续到现在。1948 年，方鸿慈视野中的北珍珠泉涌泉群仅有"北珍珠泉、太乙泉等 8 处以上泉水"。1963 年，山东省地质局八〇一队一分队《济南市泉水系统一览表》中，将济南市区分为七大水系，其中，珍珠泉水系有珍珠泉、溪亭泉、濋泉、老湾、鸭子湾、王庙池、罗姑泉、中央泉、玉露泉、（北）芙蓉泉、舜井泉、舜泉和3眼无名泉，总计15泉。此外，济南护城河以内的古城区还有王府池水系（6泉）、芙蓉泉水系（9泉）。

1966年油印本《济南一览》记载，珍珠泉泉群有珍珠泉、溪亭泉、濋泉、散水泉、南芙蓉泉、朱砂泉、濯缨泉（王府池子）、太乙泉、小王府池、腾蛟泉等10泉。济南老城区内的其余20余泉，在该书中被列入分散诸泉。

1981年济南市历下区地名办公室所绘《济南历下区泉水分布图》，将护城河内老城区中的34泉悉数列入珍珠泉泉群。但这种划分并未固定下来，1989年济南市人民政府所编《济南历史文化名城保护规划图集》中，仅将泉城路、省府前街、省府东街、贡院墙根街、大明湖路、钟楼寺街、县西巷所包围的区域划定为珍珠泉泉群保护规划区域。

1997年版《济南市志》中珍珠泉泉群区域再度缩小，称"位于旧城

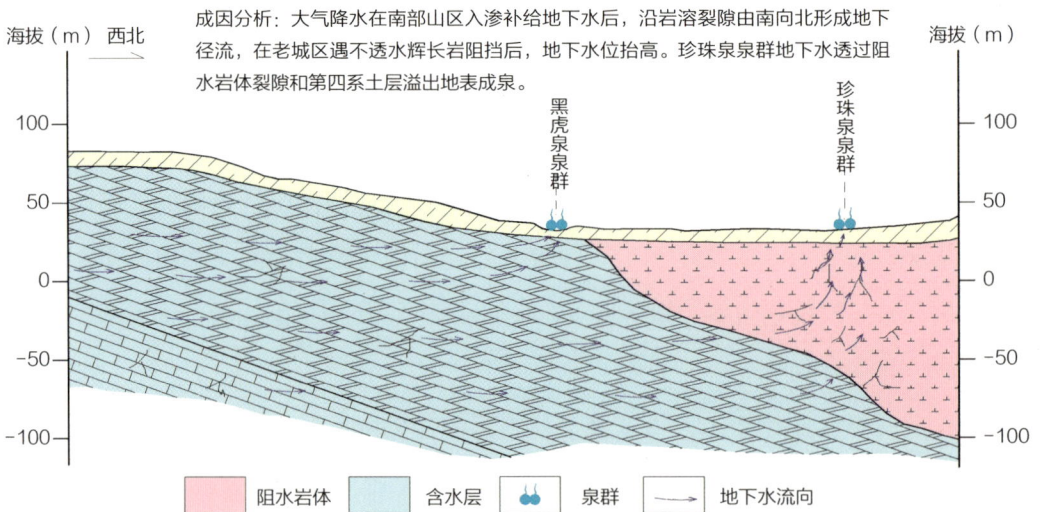

珍珠泉泉群成因剖面示意图

中心的曲水亭街、芙蓉街、东更道街、院前街之间"，称共有泉池 21 处（含失迷泉池 2 处）。老城区内的其余 36 泉，在该书中被称为"分散泉池"。2004 年 4 月，由济南名泉研究会、济南市名泉保护管理办公室组织进行的济南新七十二名泉评审结果揭晓，同时还公布了济南十大泉群，时称珍珠泉泉群有 21 泉。其时，对珍珠泉泉群的理解，与《济南市志》相同。

在 2013 年《济南泉水志》的表述中，珍珠泉泉群的范围扩大至老城区中所有的有泉区域，总量也跃升为济南市区四大泉群之首。该泉群处于济南明府城内，分布范围东至县西巷，西至太平寺街、西城墙根街，南到舜井街、泉城路，北至大明湖南岸。2004 年十大泉群公布时称珍珠泉泉群有 21 泉：珍珠泉、散水泉、溪亭泉、灤泉、濯缨泉、玉环泉、芙蓉泉、舜井、腾蛟泉、双忠泉，这 10 处属于新评出的七十二名泉；其他泉还有感应井泉、灰泉、知鱼泉、云楼泉、刘氏泉、朱砂泉、不匮泉、广福泉、扇面泉、孝感泉、太极泉。根据 2011 年的泉水普查统计，属于该泉群范围内的泉水计有 74 处，相对集中在两个片区：省人大常委会机关大院（珍珠泉大院）及其附近的曲水亭街、王府池子街、西更道街、芙蓉街、院前街、舜井街等街巷中，泉群的主泉——珍珠泉等 7 处泉就在珍珠泉大院中，在大院附近街巷中的有濯缨泉、腾蛟泉、小王府池泉、芙蓉泉、舜井等；省政府大院以西至太平寺街—西城墙根街一带的街巷中，有位列新评七十二名泉的双忠泉、玉环泉，以及不属于新七十二名泉的不匮、广福泉和众多的无名泉等。

2020 年 7 月至 2021 年 7 月，济南市城乡水务局（济南市泉水保护办公室）再次展开全市范围内的新一轮泉水普查工作。此次普查结束后，新确定 305 处泉水为名泉，经报请济南市人民政府批准后，于 2021 年 9 月对全社会公布。其中，位于老城区的 33 泉位列其中。加上 2005 年《济南市名泉保护条例》附件一《济南市名泉名录》中所列的72泉，济南老城区的在册名泉合计105处。不容回避的是，105泉中，尚有孝感泉、朱砂泉、中央泉、步月泉（鉴泉）、术虎泉、太乙泉、金波泉、瑞雪泉等10余泉处于失迷状态。

为全面反映珍珠泉泉群的历史变迁，老城区内业已消失的罗姑泉、杜康泉、香泉、古双忠泉、玉露泉、大比泉、长椿泉、太平泉、惠民泉（井）、则灵池、会（汇）波泉、不匮泉、历山泉、大方池、饮马池、泺源泉等20余泉也在本书记述之列，以备将来有条件恢复时可为参考。

珍珠泉

珍珠泉位于山东省人大常委会机关大院内,在清巡抚院署大堂西侧。金《名泉碑》、明《七十二泉诗》、清《七十二泉记》均有收录,当代名列新评济南七十二名泉。以平地涌泉、水泡升腾、如泻万斛珍珠而得名。又因城东南护城河中有南珍珠泉,故又名"北珍珠泉"。20世纪60年代中期,监测最大涌水量为145.9升/秒。该泉出露形态为串珠状上涌。池中泉眼遍布,泉从沙际涌出,忽聚忽散,忽断忽续,忽急忽缓,与池

珍珠泉　王琴摄

中成群鲤鱼构成"鲤鱼戏珠"之胜景。今泉池整修于1980年，呈长方形，长41.28米，宽30.45米，深2.61米。以雕石砌岸，四周饰有石栏。池中偏东北立有白色大理石碑一方，碑上刻的"珍珠泉"为1980年时任山东省委副书记高启云题写。1983年在南岸建一水榭，造型优美，如大鹏展翅。榭内所悬匾额"浮玑"，为1983年时任山东省人大常委会副主任李予昂题写。珍珠泉长年不竭，由玉带河向北流进濯缨泉，经百花洲注入大明湖。周围泉水与之合称为"珍珠泉泉群"。

珍珠泉是久负盛名的历史名泉，在宋代即为济南30多处名泉之一。张邦基在《墨庄漫录》中称："济南为郡，在历山之阴。水泉清冷，凡三十余所，如舜泉、爆流、金线、真珠、孝感、玉环之类皆奇。李格非文叔作《历下水记》叙述甚详，文体有法。"元好问在《济南行记》中更称之为仅次于趵突泉和金线泉的济南第三大名泉。

历代文人写下无数脍炙人口的诗文吟诵珍珠泉。金代雷渊的《济南珍珠泉》诗云："大地万宝藏，玄冥不敢私。抉开青玉罅，浑浑流珠玑。轻明疑夜光，洁白真摩尼。风吹忽脱串，日射俄生辉。有时如少靳，齧沸却累累。"清康熙帝于康熙二十三年（1684）南巡经过济南，在观赏珍珠泉时欣然题写"清漪"二字；清康熙二十八年（1689）再次南巡时，驻跸珍珠泉，赋咏《珍珠泉》诗一首，在诗前作序曰："济南多名泉，趵突、珍珠二泉为最。昔经过趵突，曾赋篇什，今临珍珠泉上，爱其澄澈，题曰'作霖'。"清蒲松龄《珍珠泉抚院观风》云："稷下湖山冠齐鲁，官寮胜地有佳名。玉轮滚滚无时已，珠颗涓涓尽日生。泡涵天影摇空璧，派作溪流绕近城。远波旁润仍千里，直到蓬莱彻底清。"清乾隆帝于乾隆十三年（1748）三月四日游览珍珠泉后，赞美珍珠泉天然无饰，如同仙境，称冠群泉，并题记云："济南多名泉，岳阴水所潴。其中孰巨擘？趵突与珍珠。趵突固已佳，稍藉人工夫。珍珠擅天然，创见讶仙区。卓

冠七十二，分汇大明湖。几曲绕琼房，一泓映绮疏。可以涤心志，可以鉴眉须……"后人将此题记碑刻立于泉北岸，至今尚存。

　　珍珠泉所在的珍珠泉大院，在金元以前未见明确记载，在北魏郦道元《水经注》中记载为在历水北流所经"流杯池"附近。古代，暮春时节，人们择水边举行除灾祈福的祭祀仪式，即王羲之《兰亭集序》中所谓"修禊事也"。珍珠泉附近古来为修禊之所，后来成为济南城内宴迎宾客及文人雅士饮酒作诗之处。元初，山东行尚书省兼兵马都元帅、知济南府事张宏在此建府邸。府内原有高大宽敞的白云楼，"济南八景"之一"白云霁雪"就在此处。明初，这里成为山东都指挥司署驻地，山东都指挥使平安也在此建宅。明成化三年（1467），德王朱见潾就藩济南，将山东都指挥司署迁往芙蓉街西，在此地兴建德藩王宫，俗称"德王府"。明代德王府的范围比今珍珠泉大院要大得多，东至县西巷，西至芙蓉街，南至泉城路，北至后宰门街。德王府在明末被清军和李自成农民起义军先后占领并劫掠、焚毁，德王被俘，明代的德王世系完结，德王府也逐渐荒芜。直至清康熙五年（1666），山东巡抚周有德在德王府旧址上兴建巡抚院署，范围大致与今珍珠泉大院相当。因清代各省巡抚多兼兵部侍郎和都察院右副都御史衔，故称巡抚为"部院"，因此旧时珍珠泉大院南门外称"院前"。康熙和乾隆两个皇帝在位期间，曾数次东巡、南巡，途经济南时都下榻于山东巡抚部院署。因此，山东巡抚部院署在清代也称为"行宫"，正门常闭不开，巡抚及其他官员均由东辕门出入。民国时期，珍珠泉大院先后为山东督军、督办公署和山东省政府所在地。

1937年冬，日军大举进攻济南，韩复榘率部在黄河北与日军激战，后败退。韩复榘撤出济南前炸毁了泺口黄河铁桥，并放火焚烧了省政府各机关、火车站、国货商场、高等法院等多处建筑。珍珠泉大院只剩下了坍塌一半的巡抚大堂和一片残垣断壁，直至中华人民共和国成立前都是一片废墟。1949年后，珍珠泉大院开始重新建设，疏浚了珍珠泉大院内的玉带河，整修了巡抚大堂和海棠园，1953年新建了珍珠泉礼堂，1954年在此召开山东省第一届人民代表大会。1979年设立山东省人大常委会，珍珠泉大院成为山东省人大常委会机关驻地。2002年4月19日，山东省人大常委会主任会议决定，将办公区域压缩四分之三，把珍珠泉和院内风景名胜对外开放，供人民群众游览观赏，还泉于民、还景于民。5月1日，珍珠泉大院正式向社会开放。

珍珠泉大院历经沧桑。珍珠泉附近在金、元时期曾有白云楼；明代德王朱见潾在白云楼旧基上建白云亭，并在珍珠泉北建渊澄阁；清代时将渊澄阁改建为澄虚榭；民国时改建为珠泉精舍。今珍珠泉大院内尚存有清巡抚院署大堂、乾隆御碑、浮玑亭、海棠园、桂香柳等。

散水泉

　　散水泉位于珍珠泉大院内，在清巡抚院署大堂东南角。金《名泉碑》、明《七十二泉诗》、清《七十二泉记》均有收录，当代名列新评济南七十二名泉。因泉水上涌，涟漪旋回，聚而复散而得名。泉水出露形态为渗流，泉水长年不竭，积水成池。1981年重修后，泉池为石砌正方形，边长1.6米，深2米，池周加建了石栏。南岸栏板上镌有"散水泉"石刻，为山东省人大常委会原副主任李予昂题写。池内水清见底，晶莹碧透。

　　散水泉最早著录于金《名泉碑》，元《齐乘》称溪亭泉和散水泉俱

散水泉　李华文摄

在"北珍珠东"。昔日，散水泉水势旺盛，流量很大，水色空明。明晏璧有诗赞曰："珠泉东向水萦回，荡漾涟漪去复来。时有濯缨佳客至，方池如鉴绝纤埃。"清末王钟霖《历下七十二泉考》记载散水泉："在抚院署东偏。泉环亭榭，潴为后沼，称'海子'。竹石丛树，蒲藻映碧，水深莫测。有巨鼋如盖，呼鼋将军。向可荡舟，由后宫门达百花洲，入明湖，出北水门，绕北园，至小清河，游华不注山。今筑墙，设两闸，以时蓄泄。民居满院后。"王钟霖文中的"海子"，为巡抚院署后花园中的小型湖泊，在明代时与珍珠泉大院外的王府池子连为一体，因此巡抚院署后院中的湖泊也称为"濯缨湖"。巡抚院署海子内有巨鼋一事，在王钟霖所辑其父王贤仪的《家言随记》一书中有记载。该书还附记了乾隆时期山东巡抚国泰得知朝廷将要调查他的贪腐之事时，将所贪金银财宝悉数倾倒于海子中的传说故事："人言前中丞国泰被劾，诸城刘文清公按治之。国悉倾金宝于海子，皆畏鼋不敢取。"巡抚院署花园湖内有巨鼋之事属于传说，但刘墉查处国泰贪腐一案的确发生过。乾隆四十七年（1782）春，御史钱沣上疏弹劾山东巡抚国泰，称其勒索属员，遇有升调，惟视行贿多寡而定，以致历城等州县亏空或八九万两或六七万两之多。而山东布政使于易简亦纵情攫取贿银，与国泰相等。乾隆皇帝接到御史钱沣上疏的当天，即指派和珅、刘墉等三人为钦差大臣，会同钱沣，一起前往山东查办。国泰和于易简在济南却提前得到消息，秘密通知各县赶紧填补亏空。历城知县郭德平从他处借来白银四万两放入县库，但被刘墉等人看出县库银两的新旧差异，便立即拘押郭德平，并审讯县库亏空成因。郭德平很快招供，并牵扯出国泰和于易简等一干涉及贪腐案的山东官员。最后判令国泰、于易简自尽，历城等四个知县发配新疆伊犁，各县官员限在三年之内补齐亏空。

国泰向海子中倾倒金银财宝一事也确实发生过。据任宝祯《珍珠泉史话》一书介绍，清代文学家洪亮吉在《跋简州知州毛大瀛所致书及纪事诗后》一文中说，国泰所贪银两，除"乘夜运入司库及运司首府首县各库，以补缺项"外，"然存金尚累累，公廨旁有珍珠泉，深丈许，遂移至泉侧沉之。后抚臣明兴浚池，尚得金数十万"。原来，国泰是将金银倾倒进了珍珠泉池底，以致新任山东巡抚在疏浚泉池时，竟然挖出白银数十万两之多。

溪亭泉

溪亭泉位于珍珠泉大院内，在珍珠泉东、清巡抚院署大堂西侧。金《名泉碑》、明《七十二泉诗》、清《七十二泉记》均有收录，明《七十二泉诗》称"王氏溪亭泉"。当代名列新评济南七十二名泉。因溪流潺潺、亭阁卓然而得名。泉水出露形态为渗流，长年不竭。泉池为长方形，长2.52米，宽1.55米，深0.75米。池岸为石砌，东叠有山石。石上镌有山东现代书法家王讷题写的"溪亭泉"。池南侧说明牌上有当代济南名士徐北文撰书的《溪亭泉题记》。

溪亭泉　左庆摄

溪亭泉　李华文摄

20 世纪 60 年代的溪亭泉　雍坚藏片

　　溪亭泉最早著录于金《名泉碑》，元《齐乘》称"在北珍珠东"，与今溪亭泉的位置相近。"溪亭"一名在宋代即有记载。宋代文学大家苏辙有《题徐正权秀才城西溪亭》诗，诗云："竹林分径谁通渠，正与幽人作隐居。溪上路穷惟画舫，城中客至有罾鱼。东来只为林泉好，野外从教簿领疏。不识徂徕石夫子，兼因女婿觅遗书。"苏辙诗中的"徂徕石夫子"就是北宋学者、思想家石介。他是泰山学派创始人，开宋明理学之先声，世称"徂徕先生"。石介的女婿就是徐正权，名徐循，为济南名医，曾有解剖尸体之举。苏辙诗中的"溪亭"在济南城西徐正权家。"城中客至有罾鱼"一句是说城中的客人来了，可以在溪中捕鱼待客。"竹林分径""幽人隐居"之句可证明徐正权家及溪亭均在城外。从诗中还可以看出，"溪亭"之溪并非一条浅浅的小溪，而是可通画舫的河流，极有可能是城西的泺水（今西护城河），或是自五龙潭向北流的小河（今生产渠）。宋代女词人李清照写有《如梦令》一词，词云："常记溪亭日暮，沉醉不知归路。兴尽晚回舟，误入藕花深处。争渡，争渡，惊起一滩鸥鹭。"这首词叙述了作者回忆在溪亭游玩、沉醉迷路的经历。词人游玩之地是否在历下，目前还存在争议。如果真是在历下，那《如梦令》中之"溪亭"或许就是苏辙诗中的"城西溪亭"。因为李清照与苏辙相距不过几十年，而同时期济南城有两个"溪亭"的可能性很小。

值得一提的是，在绘于康熙中前期的《济南府舆图》中，于济南城西五龙潭北面水域的西侧绘有溪亭泉，其水与五龙潭北水域有沟渠相通。这是清初济南人因苏辙《题徐正权秀才城西溪亭》一诗而附会出来的溪亭泉，还是济南城西古时一直有此遗存，待考。

沃泉

沃泉原位于历下区珍珠泉北。此泉未见明清文献记载，概为民国时期新浚之泉。

1941年《济南名胜古迹辑略》最早记载此泉，称："沃泉在旧抚院内，珍珠泉西北。"旧抚院，即珍珠泉所在的清山东巡抚院署。1942年《济南市山水古迹纪略》亦有记载："沃泉在前抚署内，珍珠泉西北。"

1959年山东师范学院地理系所编《济南地理》一书中所附《济南泉水分布图》标有"沃泉"，其位置在硃（朱）砂泉东，王府泉北，腾蛟泉西南。20世纪60年代，济南市城市建设局《济南市区内主要泉水系统一览表》中，在珍珠泉水系中，于刘氏泉、云楼泉外记一无名泉，"距北珍珠院墙西北角5.4公尺"。此泉是否是民国文献中所载的"沃泉"，待考。1997年《济南市志》记载称，沃泉已失迷。

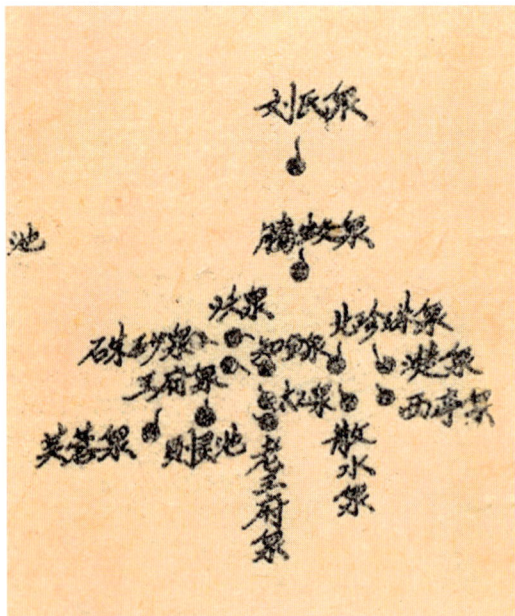

1959年所编《济南泉水分布图》中标有沃泉

濋泉

　　濋泉位于珍珠泉大院内，在珍珠泉东、清巡抚院署大堂西北。清《七十二泉记》、道光《济南府志》均有载，当代名列新评济南七十二名泉。泉水出露形态为渗流，长年不竭。1951年秋重修泉池，以石砌岸。池为正方形，边长2.1米，深0.9米，周饰石栏。池壁镌刻的篆书"濋泉"为山东现代书法家王讷题写。

　　据史书记载，清康熙七年（1668），山东巡抚刘芳躅命工役于巡抚大堂西北侧掘土，深至二尺，有泉水涌，复凿二尺，水增数倍。刘芳躅见状，十分高兴，就新泉取名一事咨询幕僚朱彝尊。朱彝尊说："《尔雅》：水自济出为濋，其'濋泉'乎？"并作《濋泉记》，曰："天下之水，源澄者，流必清；源浊者，流亦浊。然河出昆仑墟，色白；所渠并千七百一川，色黄，则众水混之也。航于下流者，见其浊，以为河之性。然彼徒窥其末而未穷其本，则为之浊也固宜。为政之道亦若是而已。吏至廉也，为之宾客者苟萌营利之心，惑于视听，则混之者日至。源之清浊，流亦异焉。今公既能洁己于上，宾客咸以公之心为心，若泉之在，纤尘有所不纳，虽极而至于大小清河，而入于海，无非清者矣。"

　　刘芳躅（生卒年不详），字增美，号钟山，涿州人。清顺治十二年（1655）进士，康熙七年（1668）任山东巡抚。上任后，遇地震，上疏请格外免除秋税和丁徭。部议决定，免受灾最重之三州县本年钱粮十分之四，另30余州县各按受灾轻重分别予以免除。因赈灾有方，加工部右侍郎衔。

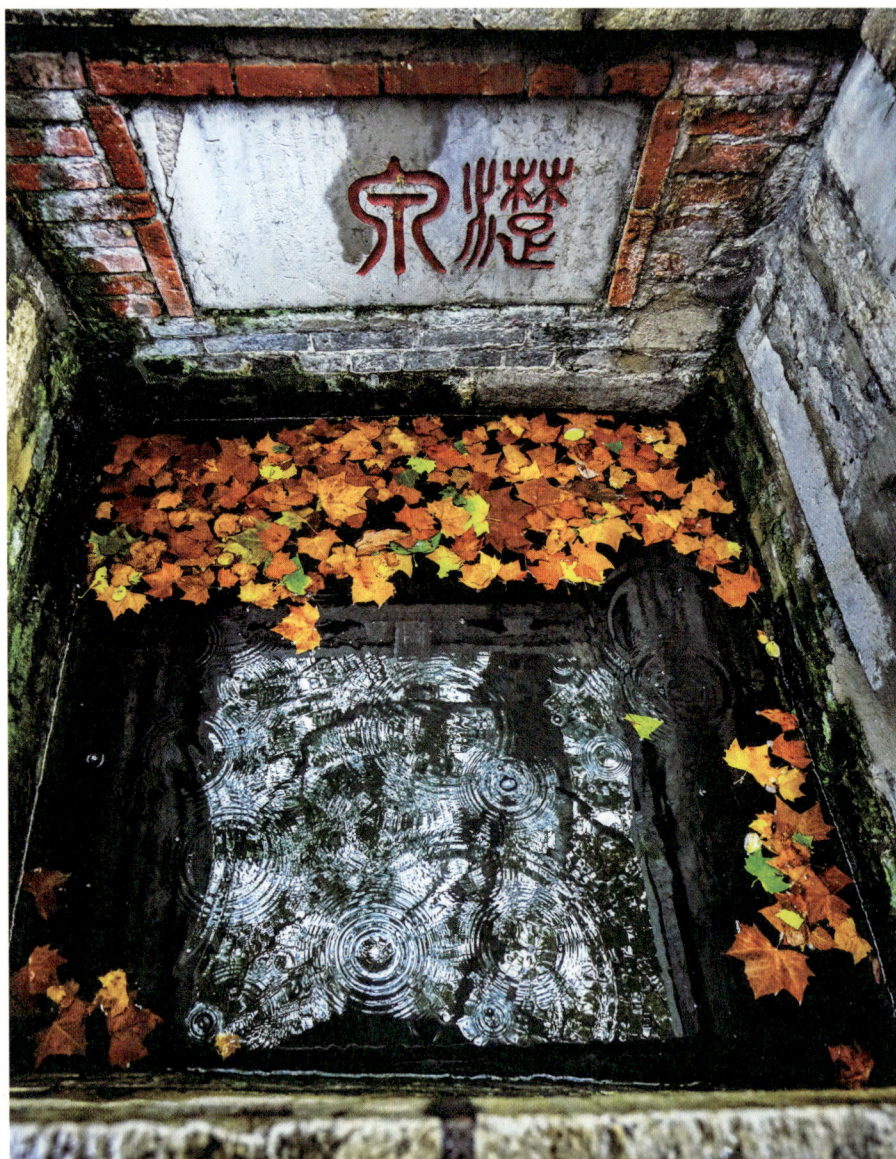

滦泉　李华文摄

后又多次疏陈大计。康熙八年（1669），上疏建言山东各地仍设或增设守、巡各道。又言：地方缉盗，事先规定数目，百弊丛生，应除此弊，免致捏陷无辜。以上奏疏，均得旨允行。康熙九年（1670）又上疏言："山东省素不产铜，惟收买旧钱供铸。今旧钱尽，铜仍缺，按期限鼓铸，不惟铜价腾贵，且恐铸多钱壅，请撤局停铸。"被采纳。康熙十二年（1673），奉命考察各省督抚。部议芳躅才力不及，被降二级调用。遂辞归乡里，择地居于易水河畔，与弟芳喆往来于大房诸山中，以诗酒相娱乐。不久去世。

朱彝尊（1629—1709），字锡鬯，号竹垞，浙江秀水（今属浙江省嘉兴市）人。清朝词人、学者、藏书家。康熙八年（1669）春，朱彝尊来济南，做巡抚刘芳躅的幕宾。康熙十八年（1679），应博学宏词科试，官翰林院检讨。他博通经史，擅长诗词古文。朱彝尊词作风格清丽，为"浙西词派"的创始人，与陈维崧并称"朱陈"，与王士禛并称"南北两大诗宗"（"南朱北王"）。在济南居住期间，对济南山水多有吟诵。著有《曝书亭集》80卷、《日下旧闻》42卷、《经义考》300卷；编有《明诗综》100卷，《词综》36卷（汪森增补）。其中，《词综》是中国词学方面的重要选本。

存心泉·承运泉

存心泉和承运泉都位于历下区珍珠泉大院内，在清巡抚院署大堂北侧。东为承运泉，西为存心泉。2005年11月在此施工时，距地表约半米处，涌出汩汩泉水。经考古发掘，此地乃明德王府建筑遗址，现场发现了3眼古泉井和2处青砖砌筑的积水池。2006年，在所发现的古泉井和积水池遗址处的东、西两侧分别修建了一个石砌长方形泉池，池深0.15米。东池长11.9米，宽5.9米；西池长12.11米，宽9.4米。两池四周围有汉

存心泉　左庆摄

白玉石栏，修复后的古泉井坐落于池中。

2009年7月30日至8月30日，济南市名泉办、民政局联合《齐鲁晚报》发起"寻访无名泉，为无名泉征名"活动。因明德王府的存心殿与之对应，便将西面的泉命名为"存心泉"；因明德王府旧有承运殿（旧址为清巡抚院署大堂），而东面的泉就在殿旁，故将此泉命名为"承运泉"。泉名经有关部门审批后，向社会公布。

两泉南侧的巡抚院署大堂为清代山东巡抚及民国时期山东军政长官的办公场所，是清巡抚院署中唯一幸存下来的建筑，为省级文物保护单位。巡抚院署大堂建筑的前身为明德王宫的承运殿，其建筑布局仿照皇宫，规制减一等。比如，王城不设角楼，不用黄琉璃瓦；城门为三门（天子为五门）。建筑中轴线的布局仿照紫禁城，设三大殿，分别为承运殿、圜殿、存心殿（相当于紫禁城的太和殿、中和殿、保和殿）。明末，承运殿、存心殿及德王宫其他建筑均遭劫掠、焚毁。

承运泉　左庆摄

九角泉

　　九角泉位于珍珠泉大院内西北部、濯缨泉西北岸。泉水长年渗流，积水成池。九角泉为九角井形。池口为圆形石砌，直径 2 米，深 1.8 米。池周有石栏护围，假山石上刻有 2005 年题写的泉名。

　　古代水井一般为圆形或方形，也有八角形，象征《易经》八卦图中的八个方位。九角井则较少见。据传说，在明代德王府的西北角，宫墙

九角泉　左庆摄

的墙角是缺一角的。此事记载于明代王象春的《齐音》。《齐音》又名《济南百咏》，作者用100余首诗分别歌咏了济南的各处山水风物，每首诗均有注解两三行，为济南竹枝词中的上乘之作。其中有一首《毛二巷》，诗曰："咸阳宫阙已成尘，毛二蜗居可认真。鬼哭城崩当六月，几时秋雨灰青磷？"此诗讲述了一个发生在德王府西北角的悲惨故事。明成化年间，德王朱见潾就藩济南，并修建王宫。王宫西北角原为居民毛二的宅地，却被划入德王宫府范围内。毛二以死相争，拒不接受王府的出价，最后竟然自刎而死。此事经地方官上报给德王，德王心中不忍，便不再征用毛二宅地，并于王宫宫墙西北角处缺一角，以彰显过失。

碧玉泉

　　碧玉泉位于历下区西更道街 2 号，原为无名泉，2007 年被命名为"碧玉泉"。泉名既雅致又形象，体现了泉水清澈如碧玉。泉池呈井形，为石砌，直径 0.7 米，深 1.5 米。泉水出露形态为渗流，长年不竭，积于井中。

碧玉泉　左庆摄

云楼泉

　　云楼泉位于历下区西更道街 4 号院内,又名"白云泉"。泉池为石砌圆井形,直径 0.42 米,深 0.72 米。泉水出露形态为涌状。夏季,泉水水位上升,几乎与地表持平,干旱之年也长年有水。

　　金《名泉碑》称其为"云楼泉"。明《历乘》称"白云泉,德府内,刘氏泉南"。明崇祯《历城县志》记载,"云楼泉,刘氏南。一名白云泉"。可见,云楼泉即为白云泉,以白云楼而得名。这说明至少在金代,珍珠泉和白云泉附近已有白云楼,而非后来志书所说的白云楼为元代张宏所建。张宏建白云楼一说源自清乾隆《历城县志》,在卷十五《古迹考二》

云楼泉　左庆摄

之"白云楼"按语中称"白云楼,盖(张)宏之楼也"。此前的志书都没有说明白云楼的建筑年代,其后的清光绪《山东通志》承袭乾隆《历城县志》的观点,称白云楼为"元张宏建"。云楼泉见于金《名泉碑》,因此称白云楼建于金代或之前是没有问题的。但金元之际,济南经历了惨烈的战争浩劫,明嘉靖《山东通志》卷十六《学校志》称"金贞祐板荡,济南城空二十余年"。另据金元好问的《济南行记》:"大概承平时,济南楼观,天下莫与为比;丧乱二十年,唯有荆榛瓦砾而已。"白云楼在元代或许早已坍塌,到了张宏在珍珠泉建府时,在原址重建白云楼倒是可能的。

晚清时,郝植恭将"白云"列入《七十二泉记》。同期,王钟霖在《历下七十二泉考》中记载,白云泉"以张都督宏白云楼名,张文忠公有《白云楼赋》,明德藩就建白云亭,《志》言在濯缨湖上,当近王府池"。此处所说"在濯缨湖上,当近王府池"的应为白云楼,但并未说明白云泉的具体位置,似乎此时白云泉已迷失。民国的资料称白云泉在旧抚院内、珍珠泉西北,具体位置不详。20世纪80年代,将位于刘氏泉南、西更道街4号院内的一口井命名为"云楼泉"。

源泉

　　源泉位于历下区西更道街20号，原为无名泉，2007年将其命名为"源泉"。泉名既雅致又形象，体现出泉水源源不绝的状态。泉池呈井形，池口为石砌，井壁为砖砌，直径0.4米，深0.84米。泉水出露形态为渗流，长年不竭，积水成井。

源泉　左庆摄

腾蛟泉·起凤泉

　　腾蛟泉位于濯缨泉东北、王府池子街北首东侧。清《七十二泉记》有收录，当代名列新评济南七十二名泉。因西临旧时的腾蛟起凤坊而得名。泉水出露形态为涌状，长年不竭，自岩孔涌出，汇入大明湖。泉池为石砌长方形，南北长1米，东西宽0.55米，深0.86米。池东岸墙壁上嵌有"腾蛟泉"石刻，署"李俔，时年八十二岁，丁卯端阳日立"。李俔为历城县人，清道光八年（1828）举人，曾历任黄县训导、清平县教谕。

腾蛟泉　左庆摄

　　起凤泉位于起凤桥街 9 号院内，在濯缨泉以北、腾蛟泉西北。原为无名泉，1994 年以所处街巷命名。泉水出露形态为渗流，长年不竭。泉池为石砌长方形，长 2.19 米，宽 2.08 米，深 1.5 米。2002 年以来，济南市名泉保护部门多次对其进行维护、整修。

　　在腾蛟泉和起凤泉一带，青砖灰瓦之四合院鳞次栉比。街巷内曲溪绕宅，垂柳依依，清泉碧水，小桥人家，不是江南，胜似江南。观赏泉水的最佳时节为每年的丰水期及其后，那时水面离地面不足半米，伸手便可汲取，或赏或饮。

　　腾蛟泉、起凤泉以及附近的起凤桥、起凤桥街均得名于旧时泉旁所立的腾蛟起凤坊。该坊原位于芙蓉泉北流的梯云溪上，为山东巡抚夏玉所建。梯云溪发源于芙蓉泉，旧时沿芙蓉街北流，注入府学文庙泮池，而今大部分在芙蓉街路面下，为暗渠。据清康熙《济南府志》记载："顺治十三年，巡抚都御史夏玉于梯云溪上筑桥，曰'青云'；建坊，曰'腾蛟起凤'。"另据清代济南诗人范坰《风沦集》中《梯云溪》诗的诗注记载，梯云溪在府学前，顺治十三年（1656），山东巡抚夏玉修建青云桥和腾蛟起凤坊。康熙四十二年（1703），山东布政使黄元骥重修。今坊废桥存，人们称桥为"起凤桥"。如今的起凤桥跨王府池北流汇入百花洲的小溪上。起凤桥最初为单孔石板桥，孔高1米，宽2米，桥面宽4米。1962年，重建为石板平桥，长、宽各3米。后经改建，今石板平桥桥面宽仍为3米，而东西桥长只有1米，其上直铺大条石，两侧有石砌的低矮墙形护栏。

　　"腾蛟起凤"一名取自王勃《滕王阁序》"腾蛟起凤，孟学士之词宗"，形容人很有文采。将其命名于府学文庙前的牌坊，意为激励来济应考的学子刻苦攻读，以备将来飞黄腾达。清郝植恭在撰写《七十二泉记》时，不仅把腾蛟泉列入其中，还进一步阐述了该泉名的含义："曰腾蛟，如蛟之得云雨而飞腾也。"当时泉西不远处有文庙及贡院，皆为文人、考生拜访之地，考生考前定要来腾蛟起凤坊下走一走，以保佑仕途顺利。后来，人们依照石坊上的文字，把石坊两旁的两处泉池，分别命名为"腾蛟"和"起凤"。

穆扬泉

穆扬泉位于历下区泉城路街道起凤桥街 4 号院内西北角墙根下，为 2021 年 3 月济南泉水普查时新发现的泉井。此泉外观为方形井，为防止雨水倒灌，居民用 3 层红砖将井沿加高。井内泉水清澈，伸手可及，目测水面距离地面不足 0.3 米。

济南市民尚津济先生就住在泉井东侧的西屋。他介绍说，4 号院整个院子过去是他岳父杨澍年轻时买的，距今近百年。院里的泉水在民国时期就有，是家里几代人的生活用水。《人民日报》著名记者穆扬（原名杨竞武）为杨澍长子。他出生于起凤桥街 4 号院，是喝着这口泉的水长大的，后在北京读书时参加革命。1977 年，他因所写内参推动了高考恢复而闻名全国。

此泉原为无名泉，2021 年被定名为"穆扬泉"，以纪念穆扬先生。另据了解，起凤桥街 4 号院因具有典型的民国院落风格，2020 年 12 月被历下区人民政府列为第一批区级文物保护单位。

穆扬泉　左庆摄

濯缨泉（王府池子）

濯缨泉位于历下区王府池子街中段，别名"濯缨湖""王府池""王府池子"。金《名泉碑》、明《七十二泉诗》、清《七十二泉记》均有收录，当代名列新评济南七十二名泉。濯缨泉出露形态为串珠状上涌，水自池底及西岸岩孔涌出，沿曲溪，穿民居，过石桥，至曲水亭，汇珍珠诸泉水，经百花洲流入大明湖。泉池呈长方形，长 42 米，宽 31 米，水面达 1300 平方米，深 1.7 米。

清初，山东巡抚李树德于池内建王府池新亭。清代历城诗人朱怀朴曾于《王府池新亭》诗中描绘此亭"亭枕捞虾渚，横桥跨沧浪。雕阑作亚字，百步筑回廊"，"风中万杨柳，摇曳弄晴光。眠鸥翘鹭处，白苹红荘香"。

濯缨泉中有泉眼数十处，处处水涌若珠。水清池阔，冬暖夏凉，过去一年四季都有很多市民来此游泳；今池边建石栏，泉池南岸立"濯缨泉"泉名碑及《重修濯缨泉记》碑刻。池北为张家大院，张氏自清康熙二十九年（1690）即购地建房居住于此，至今已 300 余年。张家大院在王府池子街 9 号，门口悬挂"泉水人家"及"张家大院"牌匾，为济南知名院落。

濯缨湖在金《名泉碑》中称"灰泉"，《名泉碑》中另有"濯缨泉"。元《齐乘》描述两泉的位置为"曰濯缨，北珍珠西。曰灰泉，濯缨西北"，又称"府城内灰泉最大，自北珍珠以下皆汇于此，周回广数亩，当是大明湖之源也"。据明《永乐大典》辑录的《元一统志》佚文记载，元至

濯缨泉　李华文摄

正初年，山东东西道肃政廉访使珊竹希仁将灰泉更名为"濯缨湖"。到了明代，整个濯缨湖都被圈进了德王府，成为王府的内湖。据明崇祯《历城县志》载："濯缨湖，城内都司西北，本名灰泉，合北珍珠、散水、濯缨、朱砂、刘氏、溪亭诸泉，皆汇此，周广数亩。元宪使副竹希仁（《大明一统志》作'元宪使珊竹希仁'——笔者注）改今名。今规入德藩，建濯缨亭其上，俯视澄渊，须眉可鉴，杨柳交匝，金鳞游泳，龙舟荡漾，盖世奇观。"此时的濯缨湖面积很大，从芙蓉街东面一直向东延伸到现在的珍珠泉大院。而濯缨泉的形态，从晏璧的《七十二泉诗》中可以看出，是"石罅流泉"而非湖。濯缨泉的位置，在《齐乘》以及明嘉靖《山东通志》、清道光《济南府志》和明崇祯《历城县志》中均为珍珠泉西，但具体方位无从查考。

明朝末年，随着清军攻破济南，德王府遭到严重破坏。明朝灭亡后，德王府荒废。清康熙初年，山东巡抚周有德在德王府旧址上修建巡抚院署，占地面积比原来的德王府要小，濯缨湖被巡抚署的西院墙隔成东、西两部分。墙外的濯缨湖逐渐被周围民居侵蚀，最终面积缩小为不足一亩的王府池子；墙内的濯缨湖成为巡抚署后花园的水池。这两处水池，后来仍然有人将其称为"濯缨湖"。而原来的濯缨泉早已迷失其址，后来与濯缨湖混为一谈。据清道光《济南府志》："城内各泉，惟珍珠、濯缨、芙蓉三泉为大。珍珠泉，在巡抚公署内。濯缨泉称湖，前在德王宫内，今在院署西墙外百余步，俗称王府池。"清同治年间，王钟霖在《历下七十二泉考》中称："濯缨泉，即濯缨湖，一名灰泉。《志》言在明德庄王宫内，即今抚院西王府池。"民国时期，《济南快览》则称："曰濯缨，在督署西墙外百余步，俗称王府池是也。"清代以后，已由元《齐乘》中的"府城内最大"的湖（灰泉）变为道光《济南府志》中与珍珠泉、芙蓉泉相提并论的小湖了。

灰泉

　　灰泉位于历下区王府池子街中段、濯缨泉西北侧。明王象春在《齐音》中称其为"灰包泉"。金《名泉碑》、明《七十二泉诗》均有收录。泉水出露形态为渗流，长年不竭。泉池呈长方形，为水泥修筑，长 2.1 米，宽 1.5 米，深 1.02 米。西侧以民居石墙地基为岸，东侧以石墙与濯缨泉相隔，墙下沿有一出水口。泉水由此流出，与濯缨泉泉水汇合，穿墙过院，经曲水亭街小溪注入大明湖。

　　灰泉在元代称"濯缨湖"，与金《名泉碑》中的濯缨泉为两处不同的泉水。后濯缨泉迷失其址，清代将濯缨湖与濯缨泉混为一谈。当代则

灰泉　左庆摄

依据元《齐乘》中所记载灰泉在"濯缨西北"这一方位，将濯缨泉西北侧的一处泉水指认为灰泉，以补足《名泉碑》七十二泉之数。需要注意的是，今灰泉并非古灰泉。

关于古灰泉得名的原因，近几百年来，没有人能说清楚。但笔者在1966年中华书局出版的《元一统志》里偶然发现一条珍贵的线索。《元一统志》记载："濯缨湖，在济南路珍珠泉西。本名'灰泉'。《甘露园记》云'中夜至日中为清泉，日晨至夜分喷出灰，积之成堆，咸卤不可饮'。今则清泠甘冽，与昔不同。元至正初宪使珊竹希仁书'濯缨湖'三字。"《甘露园记》的作者及年代不详，金代元好问在《济南行记》中也曾引用过《甘露园记·历下泉》的记载。由此可以推断，《甘露园记》或为宋代记述济南泉水的著作，史料价值堪与李格非的《历下水记》相媲美，可惜两书均未传世。

由《甘露园记》的记载来看，灰泉得名于宋代。该泉白昼喷灰，夜晚变清，亦属一大奇观。不过，这一奇观并没有持续太久。到了元代，灰泉"喷灰"的现象就早已消失了，灰泉成为一泓"清泠甘冽"的清泉。因此，元代山东宪使珊竹希仁才将灰泉命名为"濯缨湖"。

知鱼泉

　　知鱼泉原在珍珠泉大院内，后消失。金《名泉碑》有收录，明晏璧《七十二泉诗》称其为"知鱼池泉"。

　　知鱼泉在清代为巡抚署内的一个大鱼池，内蓄巨鱼20多条。今泉池为石砌圆井形，直径0.55米，深1.55米。泉水出露形态为渗流，长年不竭，为居民生活用水。池畔墙壁上嵌有"知鱼泉"石刻。

当代知鱼泉　高歌摄

　　知鱼泉最早载于金《名泉碑》，元《齐乘》记载其在"灰泉东南"。明《七十二泉诗·知鱼池泉》诗称："谭城浅水似濠梁，有客观鱼慕老庄。无饵无钩闲罢钓，倦眠莎草映斜阳。"明《历乘》载"有其名而莫辨其址"。清代以后的文献称在巡抚署内。清代掖县诗人李图的《知鱼泉》诗曰："旧闻开府邸，中有知鱼泉。不见众生处，赤鲩过百年。"开府，为明清时期巡抚的雅称；开府邸，即巡抚署。民国《历城县乡土调查录》称"在珍珠泉东北"。清末王钟霖《历下七十二泉考》记载："知鱼泉在抚院署。有金碧巨鱼七八尺丈许者，约二十尾，掉游若龙，映日曜采。抛以饵，争吞可观。"1941 年《济南名胜古迹辑略》载："知鱼池，在旧抚院内。"后失迷。当代将 1950 年在王府池子街 6 号院内挖出的水井命名为"知鱼泉"。

清泉

　　清泉位于历下区王府池子街 19 号，邻近王府池子。原为无名泉，2007 年被命名为"清泉"。泉名雅致又形象，体现了泉水的清澈状态。泉水出露形态为渗流，长年不竭，积水成井，为居民饮用水。池呈井形，为石砌，直径 0.6 米，深 1.2 米。清泉旁的墙壁上嵌有泉名石刻。

清泉　左庆摄

小王府池

小王府池位于历下区王府池子街南首，原位于王府池子街 14 号（旧门牌号码）院内，现位于王府池子街 41 号门前。别名"王府泉""老王府池子"，原为居民饮用之泉。泉池为石砌长方形，长 3.42 米，宽 2.75 米，深 0.64 米。泉水出露形态为串珠状上涌，长年不竭，沿途汇合众泉，流向百花洲，注入大明湖。

小王府池　左庆摄

　　清光绪己丑年（1889）绘制的《省城街巷全图》在小王府池所在之处绘有一泉池，名为"云彩眼"。1924年绘制的《济南城厢图》上亦标有"云彩眼"。此"云彩眼"或为小王府池之旧称。1931年绘制的《小清河航道及泉源水道图》最早标注了"小王府池"。1933年，《济南市市区图·舜井街》中将其标为"王府泉"，该图同时绘出了王府泉辗转向北流入王府池的水渠。

　　据1965年山东省地质局水文地质观测总站编制的《济南泉水一览表》，表中"流量"一栏标注为"日寇轰炸堵塞，现池小，流量也不大"，说明小王府池至少有近百年历史，原来的涌水量和泉池面积都比现在大，可与濯缨泉相比，只是面积相对较小，故得名。在1983年济南市园林管理处编制的《泉水调查统计表》中，小王府池的位置为"王府池街37号门前"，现状为"干枯"。据2013年出版的《济南泉水志》中《济南泉水一览表》（2011年8月）记载，泉水主要用途为"景观"，泉水出露形态及流向为"涌珠，长年不竭，汇入王府池子"。

太乙泉

太乙泉原位于历下区王府池子街 43 号门口，与小王府池子比邻，为见诸民国文献记载的济南历史名泉。泉池以砖砌成圆形，直径 0.8 米，深 1 米。1975 年，此泉被人为填埋，泉址上盖起简易房。1994 年，此泉被列入济南名泉抢救修复计划。2005 年，《济南市名泉保护条例》附件一《济南市名泉名录》将太乙泉收录。

1927 年版《历城县乡土调查录》（孙宝生编）最早记载此泉："太乙泉，在城内王府池街。"其泉名由来，未见历史文献记载。1956 年，山东省建筑设计研究院勘察室手绘的《济南泉的分布图》中标有"太乙泉"。1963 年山东省地质局八〇一队一分队所编《济南市泉水系统一览表》记载，太乙泉在"王府池子街十四号门前，偏东"。1965 年山东省地质局水文地质观测总站所编《济南泉水》记载，太乙泉位于"王府池子街 16 号门口"，乃"人工改泉池为井"，为饮用水源，最小流量 0.7 升 / 秒。1997 年版《济南市志》记载："太乙泉位于小王府池东侧。民国《历城县乡土调查录》有载。泉池以砖砌成圆形，直径 0.8 米，深 1 米，水旺盛，原为群众饮用水。后将泉池覆盖，于上建小房。"2013 年版《济南泉水志》对此泉的记载与 1997 年版《济南市志》大致相同。

2021 年济南泉水普查时，此泉在历下区王府池子街 43 号房子内（前后门牌号不一致，乃经历门牌号变更之缘故——笔者注），处于遮盖状态。时年 87 岁的居民赵淑兰说，原来她住在西更道街，1975 年搬到这里居住，

20 世纪 60 年代的太乙泉（井状）　雍坚藏片

已住了 46 年。她介绍说，太乙泉过去是个圆口井，里面水深 1 米多，井口前有棵大柳树。从 20 世纪 50 年代开始，附近开始安装自来水管，太乙泉的水就逐渐没有人喝了。20 世纪 60 年代中后期，泉井几乎被垃圾填平。1975 年成立生产组后，她家在西更道街的老房子交公了，就把太乙泉填平，在上面盖了房子。

饮马池

饮马池为明初即有之泉池，最初位于都司署内，后被圈入德王府。何时迷失，不详。

明天顺五年（1461）成书的《大明一统志·济南府志》记载："饮马池，都司后，前有白云楼，今废，楼后有白云泉。"在"饮马池"条目后，又载"芙蓉堤，在文庙东，俗呼为'叠道'"。

明成化二年（1468），德王朱见潾就藩济南，在都司旧址建德王府，都司驻地西迁到德王府西（今芙蓉街西面）。

嘉靖十二年（1533）成书的《山东通志》在记载"饮马池"时，都司已经西迁，饮马池亦被圈入了德王府，但该书却依旧援引《大明一统志》记载，并错误地把原书"饮马池"条与其后的"芙蓉堤"条合为一条，变为："饮马池在府城内都司北，池有芙蓉堤，出文庙东，俗呼为'叠道'云。"明末崇祯六年（1633）成书的《历乘》，在记述"饮马池"时，亦未加辨析和查考，直接援引了嘉靖《山东通志》记载。崇祯十三年（1640）成书的《历城县志》在记述"饮马池"时，又如法炮制，错误地援引了《历乘》记载。

经上述以讹传讹，为后世学者查考饮马池泉址平添了困惑，以至于误以为此泉即后来书院中的泝源池。经文史专家侯林先生考证，"饮马池"之误方得纠正。

南三十里百脉俱發故名曾鞏云歴下諸泉皆以泉為冠

在岱陰伏流西則韻突為鬼魁東則百脉

淨明泉

白鶴

泉　漓出泰山西北有西麻灣泉其西有西麻灣泉俱泰山北流入清河在泰山縣下宛如玉色水色如玉故名水簾泉漓出泰山東北泰山縣東北懸崖飛灑如簾綹綹如簾飛故名二十里

玉泉　在新泰縣北一泰

瑤池　在泰山下水極清

寶泉　在新泰縣東其水澄清若鏡故名二十里

王女池　在泰山

清味甘美毋瑤池俗罷王毋廟名聖水池

白龍池　在泰山下有龍祠禱雨輒應可測上有

芙蓉隄　文在

玉女池

名在泰山巔一

飲馬池　今在都樓後有前有白雲樓後有白雲樓

陳公隄　在德州東五里陳堯佐佐守滑時築之以障黄河故宋廟東俗呼為疊道

土産　雲母石　俱歴城縣出

陽起石　章丘出

白礜石

鵝管石　俱新泰縣出

澤瀉

防風　縣出蒼朮

桔梗　俱新泰縣出半夏　縣出清三

稜草　縣出

臨濱州　銅

鐵　俱萊蕪縣出今廢

絲　章丘鄒平二縣出

《大明一统志》最早对饮马池的记载

玉枕泉·神庭泉

玉枕泉位于王府池子街 39 号院内,原无名,1994 年得以命名。泉池为石砌长方形,长 1.56 米,宽 0.5 米,深 0.4 米。泉水出露形态为渗流,长年不竭,积水成池。原池水清澈甘甜,蓄有金鱼。后有生活用水流入,水质受到污染。

神庭泉位于王府池子街 41 号院内,原无名,1994 年得以命名。泉

玉枕泉　左庆摄

神庭泉　左庆摄

池为石砌长方形，长 0.64 米，宽 0.4 米，深 0.94 米。泉水出露形态为渗流，长年不竭。

　　玉枕泉和神庭泉的泉名均取自人体穴位。玉枕穴位于头部的后发际正中直上 2.5 寸，旁开 1.3 寸，在约平枕外粗隆上缘的凹陷处，为两处左右对称的穴位；神庭穴，别名"发际"，在头部的前发际正中直上 0.5 寸处。这两处泉水以人体穴位命名，意为将泉眼喻为人体的穴位，将地下的泉脉喻为人体的经络。其实，将人体穴位与泉水相联系并不稀奇。我们所熟知的足底最重要的穴位即为涌泉穴，它是肾经经脉的第一穴，因体内肾经之水由此穴外涌而出体表如泉涌，故得名。

金波泉

金波泉位于历下区平泉胡同 6 号，原为无名泉。2005 年，《济南市名泉保护条例》附件一《济南市名泉名录》以"无名泉"身份将其收录。2007 年，济南市名泉保护部门面向社会征名时，将其定名为"金波泉"。

2011 年、2021 年济南泉水普查时，因平泉胡同 6 号院门关闭，将其登记为"消失"。2022 年夏复查此泉时，院主人自称"院中无泉"。此泉是否存在、因何消失，尚待进一步调查。

金波泉所在的平泉胡同 6 号

平泉

　　平泉位于历下区平泉胡同路西、金菊巷1号院。泉水出露形态为渗流，长年不竭，是附近居民的生活用水。今泉池呈长方形，为半石砌，长0.9米，宽0.6米，深1.08米。

　　平泉因临近平泉胡同而得名。平泉胡同是一条幽静的南北向小胡同，北起王府池子街南口，南到芙蓉巷，东邻西更道街，西邻芙蓉街。胡同长147米，宽2.8米。民国《续修历城县志》中的《济南城厢图》将其记载为"水胡同"。济南市内原有数条水胡同，1929年为避免重名，将此处的水胡同改称"平泉胡同"。相传，在胡同中段东侧原有小神龛，下有小泉，名"平泉"。后修整街道时，神龛被拆除，平泉被掩盖于地下。今胡同中段路西（金菊巷1号院旁门）的民宅内，原有一无名泉。因原平泉已消失，附近居民便沿用"平泉"名称来给该泉命名。

　　金菊巷东段路北1号、3号院，旧为晚清候补道台曹建臣宅，曹为济南电灯公司董事长刘恩柱的大女婿。民国时期，曹家因家道中落，将房子售予刘家。1932年，刘恩柱的儿子刘筱航将金菊巷房子租给历城人赵子俊开办饭庄。饭庄开业时适逢三月，南燕北来，于是取名叫"燕喜堂"。

平泉　左庆摄

银珠泉

银珠泉位于历下区平泉胡同 11 号，原为无名泉，2007 年被命名为"银珠泉"。泉名既雅致，又形象，体现了泉水如银珠涌出的状态。泉池呈井形，为石砌，直径 0.55 米，深 1.2 米。泉水出露形态为渗流，长年不竭，积水成井。

银珠泉　左庆摄

金菊泉

金菊泉位于历下区泉城路街道金菊巷 6 号后院西北角，为 2021 年 3 月济南泉水普查时新发现的泉井。金菊巷 6 号大门朝北，进门后绕过影壁墙，经穿堂屋进入颇为宽敞的后院，金菊泉就在后院的西北角，外面罩着新置的石雕井栏。井内泉水清澈，距离地面仅 1 米左右。据户主介绍，泉水依然在使用，主要用于浇花和洗衣服。

此泉原为无名泉，2021 年因所处街巷被定名为"金菊泉"。金菊巷之名约出现于晚清，清光绪己丑年（1889）《省城街巷全图》上始标有"金菊巷"。

金菊泉　左庆摄

珍玉泉

珍玉泉位于历下区泉城路街道金菊巷 11 号,为 2021 年 3 月济南泉水普查时新发现的泉井。金菊巷 11 号大门朝南,进大门后前行七八米,穿过二道门,便可见院内东屋南山墙南侧的珍玉泉。

近年来,井口周边做了美化和硬化,用青砖铺地,井口外新置了石雕井栏。井内泉水洁净,距离地面约 1 米。此泉原为无名泉,井旁墙壁上挂有无名泉标识牌。2021 年被定名为"珍玉泉"。

珍玉泉　左庆摄

芙蓉泉

芙蓉泉位于历下区芙蓉街路西69号院外。金《名泉碑》、明《七十二泉诗》、清《七十二泉记》均有收录,当代名列新评济南七十二名泉。泉水出露形态为渗流。泉池呈长方形,东西长10米,南北宽5.3米,深1.5米。以块石砌岸,中架石桥,东、南、西三面接房屋外壁,北面装有雕石栏杆。墙壁上嵌有现代书法家魏启后书写的泉名。

芙蓉泉最早载于金《名泉碑》,元《齐乘》记载其在"姜家亭前"。明晏璧《七十二泉诗·芙蓉泉》诗称"鹊华紫翠削芙蓉,山下流泉石涧通。朵朵红妆照清水,秋江寂寞起西风",描写了鹊华秋色、山下流泉的美丽景色。笔者推测这写的并非芙蓉街的芙蓉泉,而是华山(形似芙蓉)下的华泉。真正写芙蓉泉的诗却是《鱼池泉》:"姜家亭畔水涟漪,无数金鳞逐浪吹。只恐桃花春浪暖,龙门一跃化天池。"晏璧将华泉改名芙蓉泉后暗藏进《七十二泉诗》,真正的芙蓉泉只好改名为"鱼池泉"了。

芙蓉泉不仅是一眼泉,还是济南的内河——梯云溪的源头。据明末《历乘》和崇祯《历城县志》记载,芙蓉泉在观察使韩应元宅内,其水逶迤向北流至泮池。明万历年间,济南知府沈蒸疏浚河渠,为其取名"梯云溪"。据济南文化学者侯林先生考证,崇祯《历乘》和《历城县志》记载有误。蔡经于明嘉靖十四年(1535)三月至嘉靖十五年(1536)十一月,以左佥都御史身份巡抚山东。在此期间,他开凿了梯云溪。作为山东最高行政长官,蔡经曾亲临现场,并乘兴写下《济南学宫引芙蓉泉环注泮沼》

芙蓉泉　左庆摄

一诗。明代的梯云溪位于德王府西侧，相当于王府的"西护城河"，此时芙蓉街尚未形成。清康熙年间，在原德王府建起巡抚院署后，芙蓉街成为街巷民居。梯云溪被石板覆盖而成为暗渠地沟。据清道光《济南府志》记载，梯云溪流经府学文庙门前时，分成两条水道，一条水道向北流入泮池，再向东流入玉带河；另一支水道向西流，由地沟穿过贡院内华笔池，又向西通往布政使司仪门内的凤翥池，继而往西北流出布政司署，流入大明湖。梯云溪西流的地沟水道一向无人知道。道光十五年至道光十六年（1835—1836），济南知府王镇在挑挖护城河后，又再次疏浚城内各泉，把梯云溪的地沟全部打开除淤，才发现这条西流水道。

　　芙蓉泉在明清时期面积很大，据清道光《济南府志》称，"按城内各泉，惟珍珠、濯缨、芙蓉三泉为大"，"芙蓉泉，在芙蓉街西铺面后，泉池围方十丈余"。金元以来，芙蓉泉畔曾建有姜家亭、瞻泰楼、芙蓉馆等多处古迹。其中以瞻泰楼最为著名，明代济南诗人李攀龙与许邦才曾在此吟诗唱和。后此楼圮废不存。清乾隆年间，济南府平原县人董芸曾寓居芙蓉泉边，并在此撰写了《历下山水记略》二卷。

清末、民国时期，芙蓉街店铺林立，大多经营古玩、字画、书籍、文具等，文人学士常在此流连赏玩、搜淘珍籍。历史上，芙蓉街自南而北还曾设有三山号眼镜店、治香楼百货店、广立顺照相馆、大成永鞋帽店等百年老店，成为济南颇负盛名的商贾集聚地。芙蓉街上，除芙蓉泉外，还有朱砂泉、南芙蓉泉以及若干无名泉。这些泉或深藏于街旁小巷，或隐蔽在巷内民宅。泉水或明或暗，流入濯缨泉。

南芙蓉泉

南芙蓉泉位于历下区芙蓉街 132 号院内，因位于芙蓉泉南而得名。泉池呈方形，为水泥修筑，长 1 米，宽 0.8 米，深 1.9 米。泉水出露形态为渗流，长年不竭。水位不受季节影响，人称"神泉"。原有砖刻泉名。近年来，因芙蓉街污水管道老化漏水，泉池常受污染。济南市名泉保护部门多次进行整修。

南芙蓉泉无早期文献记载，为居民院中饮用之泉。1986 年 10 月山东省地图出版社所出版的《济南泉水（图）》中，始见标注"南芙蓉泉"。1989 年济南市人民政府所编《济南历史文化名城保护规划图集》中，在珍珠泉泉群规划图中标有"南芙蓉泉"。

据院内居民介绍，该泉至少有 100 多年历史，泉水甘甜，泉脉极旺，即使在趵突泉、王府池子等都停喷的大旱之年，该泉也从未停喷过。另据济南地名专家和民俗学者唐景椿介绍，此泉最奇特之处是，把外面鱼儿放入此泉后，鱼身颜色会变成黑色。南芙蓉泉曾是整条街上唯一可以用作饮用水的泉，也曾是老城区里为数不多长年喷涌的泉。

南芙蓉泉　左庆摄

朱砂泉

朱砂泉原位于历下区芙蓉街 74 号，为济南历史名泉，金《名泉碑》和清《七十二泉记》均著录此泉。2005 年，《济南市名泉保护条例》附件一《济南市名泉名录》将朱砂泉收录。但在 1994 年，此泉被人为填埋，至今尚未恢复。

元于钦《齐乘》转载金《名泉碑》时，称朱砂泉位于"灰泉西。府城内灰泉最大，自北珍珠以下皆汇于此，周回广数亩，当是大明湖之源也"。不知何故，明晏璧《七十二泉诗》未著录此泉。但清郝植恭《七十二泉记》中复著录此泉，称"曰'朱砂'，曰'胭脂'，以其色也"。此说认为朱砂泉之名，源自其颜色如同朱砂。这与泉水本然状态难以吻合，或出自郝植恭本人的臆断，或旧时泉池边砌有朱砂色石头，以至在视觉上影响了常人观感，使泉水看上去色如朱砂。与郝植恭同期的历城文人王钟霖，在《历下七十二泉考》中收录了潵泉，称"在抚院署，即硃砂泉。朱竹垞学士有记"。朱竹垞即朱彝尊，其所撰《潵泉记》传世至今，据文可知，潵泉乃山东巡抚刘芳躅于康熙八年（1669）掘土挖出，与金代即有的朱砂泉显然不是同一泉。

民国时期，对朱砂泉的记载多有以讹传讹之嫌。如 1928 年《历城县乡土调查录》记载："在督办公署内珍珠泉西。"1934 年《济南大观》称："在省政府内，珍珠泉西。"1941 年《济南名胜古迹辑略》称："在趵突泉西张宅内。"

20世纪60年代的朱砂泉　雍坚藏片

当代，对朱砂泉的记载比较统一。1956年山东省建筑设计研究院勘察室手绘的《济南泉的分布图》中，将此泉标为"珠砂泉"。1963年山东省地质局八〇一队一分队所编《济南市泉水系统一览表》记载，在"芙蓉街七十四号院内、济南刺绣厂北院"。1965年山东省地质局水文地质观测总站所编《济南泉水》记载，朱砂泉在芙蓉街74号刺绣厂内，随气泡出流，最小流量20.4升／秒，最大流量28.7升／秒。1997年版《济南市志》记载："位于芙蓉街94号院内（94号当为74号之误写——笔者注）。泉池长方形，由块石砌垒，盛水季节水清，注入王府池中。1994

年被覆于水泥地下。"2013 年版《济南泉水志》载:"因该院自芙蓉街72 号可进入,故 2003 年、2011 年 8 月开展的泉水普查均将此泉泉址登记为芙蓉街 72 号院内。"2021 年济南泉水普查时,此泉旧址为一家商业宾馆,宾馆工作人员均不知有过此泉。

则灵池

则灵池原位于历下区芙蓉街龙神庙内，因刘禹锡《陋室铭》名句"水不在深，有龙则灵"而得名"则灵池"。龙神庙始建于清雍正年间，占地2.8亩。1956年政协济南市委员会地方历史文物组所编《济南市古代建筑调查（初编）》一书记载，龙神庙位于芙蓉街98号（旧门牌），为妇女刺绣生产合作社（济南刺绣厂前身），"大殿势将坍塌，应及时抢修"。2013年12月，位于芙蓉街74号的龙神庙大殿被济南市政府公布为第四批市级文物保护单位。

1956年山东省建筑设计研究院勘察室手绘的《济南泉的分布图》中，始见标注"则灵池"，位于珠砂泉（即朱砂泉）南。1959年山东师范学院地理系所编《济南地理》一书中，在所附《济南泉水分布图》中，亦标有此泉。1988年《济南水利志资料长编》所附《济南市泉水分布图》中，亦标有则灵池。此泉何时迷失，不详。

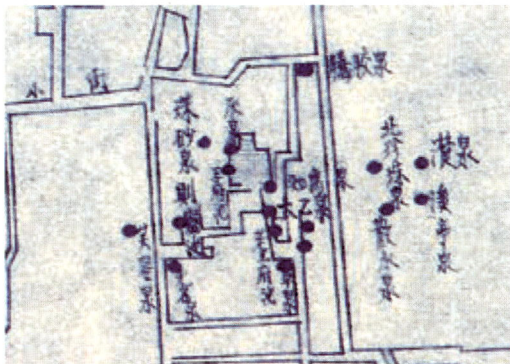

1956年《济南泉的分布图》上标有"则灵池"

水芝泉·水华泉·水芸泉

这三处泉水均位于历下区芙蓉街。

水芝泉位于济南市芙蓉街 5 号。泉池呈井形，为石砌，直径 0.25 米。泉水出露形态为渗流，长年不竭，积水成井。原为附近居民生活用水。

水华泉位于芙蓉街 61 号。池呈井形，池口为石砌，井壁为砖砌，直径 0.5 米。泉水出露形态为渗流，长年不竭，积水成井。原为附近居民生活用水。

水芝泉　左庆摄

水华泉　左庆摄

水芸泉　左庆摄

水芸泉位于芙蓉街95号。池呈井形，池口为石砌，井壁为砖砌，直径0.4米，深1.36米。泉水为渗流，长年不竭，积水成井。原为附近居民生活用水。

这三处泉水原来均为无名泉，2007年12月被同期命名。三泉泉名的由来都与芙蓉街和芙蓉泉名称中的"芙蓉"有关。芙蓉本是一种锦葵科木槿属落叶灌木类植物，而荷花是多年水生草本花卉。古时荷花被称为"芙蕖"，后来人们把荷花也称作"芙蓉"。为区别二者，人们便将木本植物称为"木芙蓉"，将荷花称为"水芙蓉"。济南的市花正是水芙蓉，而以"芙蓉"为名的泉水和街道恰恰也是济南的名泉和名街。荷花除了别名"芙蓉"和"芙蕖"外，还有"莲花""菡萏""水芝""水华"和"水芸"等多个雅称。此次将芙蓉街上的三处泉水分别命名为"水芝泉""水华泉"和"水芸泉"，意指这几处喷涌的泉水如同在芙蓉街上开放的几朵莲花。

苏家井

　　苏家井位于历下区芙蓉街73号苏姓居民院内，故得名。泉池呈井形，由水泥修筑，长年有水，积水成井。池岸东房屋墙壁上嵌有1995年启功题写的"苏家井"泉名刻石。

　　芙蓉街上的苏家井等都是原居民院中的井泉，水质优良，原为附近居民的生活用水。除此之外，芙蓉街上过去还有多处无名泉水，它们大都像芙蓉泉一样可以流出地面，经暗渠汇入泮池或百花洲。但经过近年来的城市建设，特别是芙蓉街经前后几次改造，街道地面有所抬升，一些居民院中的泉水外流渠道不畅，另一些则成了"养在深闺"的水井。

苏家井　左庆摄

武库泉 · 关帝庙泉

关帝庙泉和武库泉均位于芙蓉街关帝庙附近，为 2011 年 8 月济南泉水普查时新收录的泉。

武库泉位于历下区芙蓉街 38 号关帝庙临街西屋内。泉池为石砌井形，井口直径 0.53 米。泉水出露形态为渗流，长年不竭，水质优良。2021 年济南泉水普查时看到，武库泉泉口外置有抱鼓石状井栏，井内泉水澄澈。西屋门口立有自然石一块，上面刻有楷书"武库泉"三个红色大字。

关帝庙泉位于历下区芙蓉街 38 号关帝庙院内一角。泉池为石砌井形，井口直径 0.51 米。泉水出露形态为涌流，长年不竭。2021 年济南泉水普查时发现，关帝泉泉口外置抱鼓石状井栏，上有铁皮井盖。揭开井盖，

武库泉　左庆摄

关帝庙泉　左庆摄

可见井内泉水充盈。泉口旁设有景观水道，夏季关帝庙泉溢流后，沿水道流动。

　　芙蓉街关帝庙是济南历史比较悠久的关帝庙之一，在明崇祯《历城县志》中有记载，距今已有至少近400年历史。至济南解放时，关帝庙的占地面积缩小至约660平方米。中华人民共和国成立后，关帝庙改作粮店。2009年，根据"修旧如旧"原则，关帝庙进行了大规模修葺，改回原样。施工期间发掘出3通石碑，其中一碑刻有清康熙三十四年（1695）《建醮三年圆满碑记》，同时在院西北角发现了两眼无名泉。2013年，济南市名泉办、民政局和济南市名泉研究会面向社会为30处无名泉征名，后报请济南市政府批准，将两泉分别命名为"武库泉"和"关帝庙泉"。命名依据是芙蓉街原有武库，泉又位于关帝庙内。

泮池

　　泮池位于历下区庠门里街南端路西、府学文庙内。因在文庙屏门外，又称"外泮池"。1998 年重修泉池。今池呈半圆形，为石砌，长 37.32 米，宽 18.16 米，深 1.9 米。池岸设有雕石围栏。池间南北向架有五孔石拱桥。泉水出露形态为渗流，长年不竭。泉水与经芙蓉街明渠暗道流入泮池的其他泉水汇合后，注入玉带河，汇入大明湖。

　　池畔所在的文庙，始建于北宋。2005～2010 年，济南市政府投资 4000 余万元重修文庙，其格局从南到北依次为影壁、南门、棂星门、中规中矩亭、外泮池、屏门、内泮池、戟门（俗称"大成门"）、大成殿、东西廊庑、明伦堂、尊经阁等。

　　泮池是济南府学文庙的附属建筑，全国所有文庙都有这种规制的建筑。济南府学文庙现有两座泮池，屏门（海岱文枢坊）以南的为大泮池，明代称"外泮池"，上跨五孔石桥，是明清时期的文庙泮池；屏门以北的为小泮池，是 2008 年文庙施工时发现的，可能为明初或明代以前的文庙泮池。我们常说的泮池通常指大泮池。泮池的水主要来源于芙蓉泉。明崇祯《历城县志》记载："万历庚子，沈太守蒸修引芙蓉泉水入外泮池，名其水道曰'梯云溪'。"清末王钟霖的《历下七十二泉考》称泮池为"流玉泉"和"玉带泉"，称泮池旁有铁牛池，"池内有铁牛山，水浅每见"。铁牛山是济南城内"三山不显"的三山之一，原在文庙旁边庠门里街附近，半埋在地中，其他两座山分别为历山顶街的历山和二郎庙街的灰山。如今，

泮池　左庆摄

历山已埋入地下，灰山已沉入水中。铁牛山于 2001 年被挖出，先收藏于济南市博物馆，后放置在府学文庙内，建铁牛亭以覆之。

泮池旁不仅有"三山不显"之一的铁牛山，还有"四灵石"之一的龙石。龙石也称"蛟龙石"，原在泮池内，后移到泮池北侧。明代王象春《齐音》的《四灵石》诗曰"龟龙麟凤也无灵，况是巉巉顽石形"，其诗注云"郡中有灵石四，玲珑清古，极天工之巧，一在府学，一在布政司，一在孟宅，一在刘家亭，盖传自胜国者"。济南府过去有龙、凤、龟、麟四灵石，相传是元代张养浩园中的藏石。明崇祯《历城县志》称："蛟龙石，府庠泮池内。平太守康裕移置于此。"清康熙《济南府志》称："在泮池者曰蛟龙，在紫薇堂者曰凤翥，在开府署者曰龟石，在通乐园者曰麟石。"在清末老照片中，可以清楚地看到泮池北侧的龙石。20 世纪 70 年代，龙石被移至趵突泉景区，今立于趵突泉公园东门内，名为"龟石"，号称"济南第一名石"。

华池·芙蓉池

　　华池和芙蓉池原位于清泺源书院内，为人工开凿之泉。清雍正十一年（1733），裁撤都司后，原址辟建为山东省的官办书院——泺源书院（芙蓉街西侧）。晚清时期，匡源、何绍基、王懿荣、缪荃孙等博学鸿儒都曾主讲泺源书院。

　　2019 年 3 月，《大学图书馆学报》发表姚伯岳《北京大学图书馆藏缪荃孙稿本〈泺源小志〉》一文，介绍了缪荃孙于清末编纂的《泺源小志》稿本的发现始末，并附有《泺源小志》全文。据《泺源小志》记载："后穿堂后为宅门，院长所居也。正室五间，院中方池曰'华池'。"即华池位于书院后宅的前院，院长住所前为方池。《泺源小志》附有各时期书院山长及学生的 66 首诗作，其中，专咏华池之诗最多，多达 10 首。泺源书院山长桑调元所作《书院新凿华池诗》显示，华池为其所凿。诗中有"我爱华泉好，当春凿一池"句，说明桑调元因钟爱华泉而将新池称作华池。据考证，此诗作于乾隆二十六年（1761），是年春，当是华池的诞生时间。

　　芙蓉池位于泺源书院后宅的东厢。据《泺源小志》记载："东出有屋，欹零七八间。有池，为何蝯叟前辈所凿，一泉名之曰'芙蓉池'。五更起，泉上气如蒸，胜于华池。"何蝯叟，即何绍基，他于乾隆六年（1741）起主讲泺源书院达 4 年之久，其开凿芙蓉池的时间当在此间。何绍基传世诗作有一首题为《新凿小池，引芙蓉池水注之，清甘可饮。时群燕飞集，

民国时期，泺源书院旧址上的省立一师

因题为燕来泉》，诗曰："街南挑水苦逶迤，隔巷芙蓉旧有池。一鉴方塘新水满，鼠姑开后燕来时。"《泺源小志》中所汇编的《芙蓉池》诗有 6 首，其中聊城学子靳维熙《芙蓉池》诗中有"芙蓉泉畔旧亭台，谁凿方池镜影开？"之句。综合上述记载，芙蓉池之水引自附近的芙蓉泉，故名"芙蓉池"，在何绍基笔下，此池又别称"燕来泉"。

清末，泺源书院停办，原址先为山东大学堂校址，继为山东省师范学堂所用。民国时期又为山东省立第一师范学校校址。1933 年 5 月 28 日《申报》所刊《鲁建厅疏浚济南名泉》一文记载："泺源泉，院西街师范学校内，墙上嵌石刻有泉名。"此时的师范学校即设于清泺源书院旧址，此"泺源泉"是华池还是芙蓉池之别名，待考。

1968 年《济南市区所有观测点分布图》上，在泺源书院旧址，标有一泉标，但未加注名。鉴于此泉约在泺源书院中轴线上，或为华池。

玉环泉

　　玉环泉位于省府前街（明清称"布政司街"）中段西侧，别名"玉环井"。金《名泉碑》、明《七十二泉诗》、清《七十二泉记》均有收录，当代名列新评济南七十二名泉。因两泉并涌，水纹相扣如环而得名。明嘉靖《山东通志》记曰："两泉并出如环。"泉边原有清光绪六年（1880）全街市民公立的"玉环泉"碑刻。该泉在 1978 年省府前街拓宽时一度被

玉环泉　李华文摄

20 世纪 60 年代的玉环泉　雍坚藏片

覆盖，1982 年得以重新修复，1998 年再次整修。泉水出露形态为渗流，终年不涸，水势甚旺。泉池呈双井形，由块石砌成，直径 1.1 米，深 3 米。池周绕有石柱铁链围栏。南侧立一天然巨石，上刻"玉环泉"三字，背刻《玉环泉碑记》。据《碑记》称，昔日泉水清冽甘美、冬温夏凉，街巷居民皆饮之。泉池为南、北双泉，北为旧泉井，南为新泉井。

　　玉环泉是历史悠久的济南名泉，最早见于宋代记载。宋张邦基在《墨庄漫录》中称："济南为郡，在历山之阴。水泉清泠，凡三十余所，如舜泉、爆流、金线、真珠、孝感、玉环之类皆奇。"金代元好问在《济南行记》中也将玉环泉等泉水作为仅次于"趵突""金线""珍珠"三泉的济南名泉。元《齐乘》标注其位置为"同知巷前，今宪衙街"。同知为知府的副职，宋代齐州知州和后来济南府知府的官署都在今山东省政府大院内，同知的官署附属于府署，故宋、金时期，省府前街名为"同知巷"。而宪衙即为元代的山东东西道提刑按察司（至元二十八年后改肃政廉访司），清钱大昕《廿二史考异·宋史五·职官志七》称"宋人称转运为漕司，安抚为帅司，提点刑狱为宪司"，宪司后来成为按察司的代称，故元代省府前街名为"宪衙街"。由此可见，关于元《齐乘》中的位置注解，可能部分源于金《名泉碑》，部分是根据当时地名另做的标记。"同知巷前"这一句即为金《名泉碑》的原注解。

明《七十二泉诗》中《玉环泉》诗称"泉脉盘回似玉环，天留胜地在人间。温泉曾被杨妃辱，故引清流到历山"，作者晏璧把玉环泉的名字联系到了唐代贵妃杨玉环身上，并说玉环泉是将西安华清池的水脉引流到了济南。故而，他被后来的文人讥笑为"痴人"（清钟廷瑛《玉环泉》诗有"清泠讵识华清派，枉被痴人说太真"之句）。清《七十二泉记》中对玉环泉得名的解释则更为恰当："曰'玉环'者，两泉并出，其形圆如也。"

明、清和民国时期文献对玉环泉的记载大都为"布政司街""双泉并出如环"，说明在这几百年历史中，玉环泉的位置和形态都变化不大。1978年省府前街拓宽时，玉环泉一度被覆盖，后得以修复，泉池位置有所西移。

惠民泉（井）

惠民泉原位于历下区省府前街路东，又名"惠民井"。

明嘉靖《山东通志》记载："惠民泉，在府城内，与玉环井相并。"
崇祯《历城县志》记载："惠民泉，布政司街东"。晚清历城文人王钟霖《历
下七十二泉考》将其著录，称："惠民泉，在布政司东。"1942 年《济
南市山水古迹纪略》记载："惠民井，在布政司街，与玉环泉相对。"

1933 年《济南市市区图·舜井街》局部

当代泉水文献中，未见惠民泉（井）存在的确切记载。1968 年《济南市区所有泉水观测点分布图》上，玉环泉东向、省府前街路东确有一井，编号 D46。不知是否为惠民井？ 2014 年陈明超著《济南七十二名泉考疏证》记载："1967 年合并皇亲巷、尚书府街称玉环泉街，街西口正对玉环泉，玉环泉街 5 号、6 号各有一泉井，2007 年后整个街区拆除，泉湮没。"此玉环泉街 5 号、6 号泉井，是否有一眼就是惠民泉（井），不详。

2024 年，81 岁的省府前街老住户吕慎伦介绍说，惠民井原来位于省府前街和皇亲巷交界口北、路东一个院中，位于玉环井的东北方。20 世纪 50 年代初，街上很多院落有井，没人在意惠民井，听人说此井当时已经淤死。该院姜姓住户开有茶水铺，他都是到玉环泉取水。

长椿泉

长椿泉原位于清代山东布政署内，旧址在今山东省人民政府驻地院内。因出自一株椿树之下，故名。又称"长春泉""聚宝泉"。

晚清济南文人王钟霖在《历下七十二泉考》文后，附带记述了长椿泉的发现始末："同治十一年壬申夏，藩署头门内西，老椿风折见根，去椿出泉。署藩长白长笏臣方伯赓，治而名之曰'长椿泉'。"由此记载可知，长椿泉乃1872年因刨椿树而出，为其命名的是时任山东布政使长赓（字笏臣，长白人）。

1931年《小清河航路及泉源水道图》中，标有"长春泉"，其泉址与清长椿泉相合。此长春泉，当是长椿泉因谐音而衍称。1933年5月28日《申报》所刊《鲁建厅疏浚济南名泉》一文中将长春泉误作"土春泉"，称"土春泉，民政厅内，又名'聚宝泉'"。当时，清布政署旧址为山东省民政厅驻地。

1963年山东省地质局八〇一队一分队所编《济南市泉水系统一览表》中著录有"长春泉"，但将其泉址记为"华笔池泉之东院内，现已干枯淤死"，当是误将大比泉当作了长春泉。同期济南市城市建设局所作的《济南市区内主要泉水系统一览表》中，亦著录了"长春泉"，位置是"省人民政府，又名聚宝泉"。长椿泉（长春泉）约在20世纪60年代迷失。

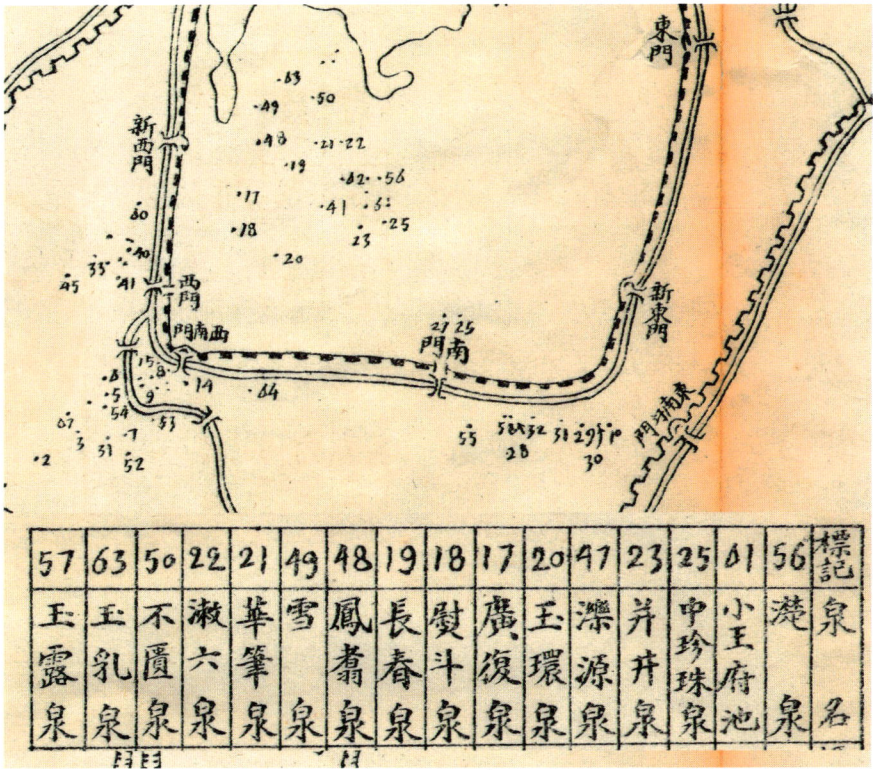

标记	56	61	25	23	47	20	17	18	19	48	49	21	22	50	63	57
泉名	港泉	小王府池	中珍珠泉	并并泉	漯源泉	玉环泉	广复泉	尉斗泉	长春泉	凤翥泉	雪泉	华箪泉	漱六泉	不圆泉	玉乳泉	玉露泉

1931 年《小清河航路及泉源水道图》中标有"长春泉"

凤翙池

凤翙池原位于清代山东布政署内，泉址在今山东省人民政府驻地院内。清乾隆五十七年（1792），山东布政使江兰在布政司署内凿成凤翙池，并撰书《新浚凤翙池记》刻于石上。"凤翙"取意于《诗经·大雅》"凤凰鸣矣，于彼高冈"，意在勉励来此科考的士子奋发图强，像凤凰般振翅腾飞。碑文称："壬子秋，余襄试事，凿池龙门内，导珍珠、芙蓉二泉注之，颜以'华笔'。俾多士饮之而甘，以章五色之华，遂引水至凤翙石畔，潴为方池。池依于石，即以石名名之。"据此可知，华笔池与凤翙池为江兰同期先后开凿而成。

今凤翙池分东、西两池，中间架一小桥。两池均为石砌正方池，边长 5 米，深 1.5 米。池周饰以石栏，东池北壁嵌"凤翙池"石刻，西池北壁嵌有题记。泉水出露形态为渗流，长年不竭，积水成池。盛水期，泉水潺潺，清澈见底。凤翙池北原有一太湖石，形状奇特，翼然而立，如凤起舞，故名"凤翙石"。泉以石名。石、泉相映，寓意甚丰。

凤翙石早在明初就立于山东布政司署大堂前，清道光年间《济南金石志》载有文渊阁大学士朱善于明洪武十八年（1385）题写的《题山东布政司堂前凤翙石》。凤翙石为济南"四灵石"之一。"四灵石"之说出现在明末。明万历年间成书的《齐音》中《四灵石》一诗有"龟龙麟凤也无灵"之句，诗注称"郡中有灵石四"，"一在府学，一在布政司，一在孟宅，一在刘家亭"，"盖传自胜国（元代）"。这大概说了龙、凤、龟、

凤翥池　左庆摄

麟"四灵石"的位置且可能由元代流传而来，但作者王象春并没有说"四灵石"和张养浩有关。清康熙《济南府志》将"四灵石"的各自位置确定下来："在泮池上者曰蛟龙，在紫薇堂者曰凤翥，在开府署者曰龟石，在通乐园者曰麟石。"

至清道光年间，王培荀在《乡园忆旧录》中称张养浩园中有奇石十处，呼为"十友"，"最著者龙、凤、龟、麟"。"四灵石"的位置后来多有变动，但凤翥石一直在布政司内。清乾隆年间，布政使江兰开凿出凤翥池，并将凤翥石移至布政司署二门内、凤翥池旁。凤翥石于20世纪六七十年代被毁，济南"四灵石"中目前仅存蛟龙石。

华笔池

华笔池又称华笔泉，位于山东省人民政府驻地东院，此地旧属济南贡院。"华笔池"之名，寓有祝愿参加科考的士子妙笔生花之意。泉池为方形，边长 5 米，水深近 2 米。池壁砌有"华笔池"题名碑和《新浚华笔池记》碑。

清乾隆五十七年（1792）八月，山东布政使江兰分别在贡院和布政司署内凿成"华笔池"和"凤翥池"，导引珍珠、芙蓉二泉之水注于池内。江兰当时所撰《新浚华笔池记》碑存世至今，碑文对华笔池的挖凿始末有如下记述："济南踞七十二泉之胜，秋试时每取水甚远，味亦不甘。壬子岁，余于龙门前凿地为池，导芙蓉、珍珠二泉注之，曲栏四围，璨然以清，题曰'华笔池'。始以□冰雪之聪明，而漱六艺之芳润，倾万斛珠源笔端涌出，将芙蓉之镜长于是延焉，岂不盛欤？"碑文还记载，时任山东巡抚觉罗吉庆、山东学政翁方纲、山东都转盐运使兼山东按察使阿林保、济东泰武临道道台熊枚、登莱道道台曹芝田和江兰一起见证了华笔池的修建。此外，还有四位知府担任督工，数位知县担任监工。一方泉池的修建，惊动如此多的高官，此种情况在济南诸泉中也堪称绝无仅有。

清末，伴随着科举时代的结束，贡院不再作为乡试学子的考场，华笔池也不再是参考学子们的泉水取饮之处。贡院拆除考棚后，被辟建为多个机构。南半部分成为提学司办公地，提学司北为客籍学堂（民国后为山东省立第一中学校址），再往北则是省谘议局和省图书馆。后几经变迁，1945 年日本投降后，贡院墙根街西侧区域，几乎都归入国民党山东省政府院内。1949 年 4 月，共产党领导下的山东省人民政府由青州迁至此处办公，华笔池成为省人民政府院内之泉。由于输水泉渠年久失修，依靠客水的华笔池逐渐风光不再。1965 年山东省地质局水文地质观测总站所编《济南泉水》记载："池被污染和淤塞，可能无流。"

1992 年，省政府东区建宿舍楼时，用水泥预制板将华笔池封盖于 6 号宿舍楼西头。2005 年，《济南市名泉保护条例》附件一《济南市名泉名录》

1976 年的华笔池　雍坚供图

华笔池　郭学军摄

2023 年修复后的华笔池外观　马以林摄

以"华笔泉"之名将华笔池收录。2023 年，经省、市、区有关部门的共同努力，消隐 30 余年的华笔池被恢复，与之相连的渠道也得以疏通。池中泉水清澈，风貌如昨。

玉乳泉

　　玉乳泉位于山东省人民政府驻地院内西部、凤翥池西。旧时因喷涌甚高，如泡沫翻腾，泉水洁白如乳汁而得名。民国《历城县乡土调查录》载，"在省公署花园内南端"。1934年《济南大观》称其在"省政府（应为省政府民政厅）内，西北厅南"。旧时泉池长40米，宽30米，称"鱼莲池"。1999年7月改建为石砌长方形池，长8.3米，宽8.2米，深1.2米。泉水出露形态为涌状，长年不竭，沿暗渠向北流入大明湖。

玉乳泉　左庆摄

20 世纪 60 年代的玉乳泉　雍坚藏片

　　玉乳泉为民国时期出现的泉水，民国志书和散文游记中多有记载。
1923 年，范烟桥在《晨报副刊》上发表《济南之泉》一文，介绍了玉乳泉，
称泉在旧时的省长公署里，"有三四尺高，上锐下钝，成了一个圆锥形"。
1927 年，范烟桥又撰写了《历下烟云录》，称根据泉边碑记，此泉为一
朝鲜人所筑。其文曰："此外，尚有一神妙绝伦之玉乳泉，在省署之西隅，
水喷起可二尺，有似圆柱，洁白如玉，径可尺许，翻泛成粒粟，乃如乳液，
抚之微温而不寒，饮之甘而不涩，较之喷泉为有味。壁树小碣，镂文记颠末，
知系一朝鲜人所筑，盖亦利用吐沫如珠，汇而束之，乃呈巨观。"

　　此外，据李子全在 1935 年出版的《山东省垣名胜记》中记载，玉乳泉也称"鱼莲池"："（民政厅花园）东南池畔石间，有水突出，自下上腾，浪花玉白，形如妇乳，故名曰'玉乳泉'，虽未列省垣七十二泉之内，而景实处诸泉之上。水积成池，鱼生其间，禁止垂钓，生殖日繁，池内遍植各种花莲（莲花），因名之为'鱼莲池'。"

瑞雪泉

瑞雪泉原位于山东省人民政府院内西北部，泉池半亩有余。此泉未见明清及民国文献记载，1956年山东省建筑设计研究院勘察室手绘版《济南泉的分布图》中，始见标注此泉。1959年正式出版的《济南地理》一书，在所附《济南泉水分布图》中，亦标有此泉。

在20世纪60年代中后期的卫星航拍照上，在玉乳泉正北百米处，可见一大型泉池，泉池大致呈三角形，南有水道与玉乳泉相通，北有水

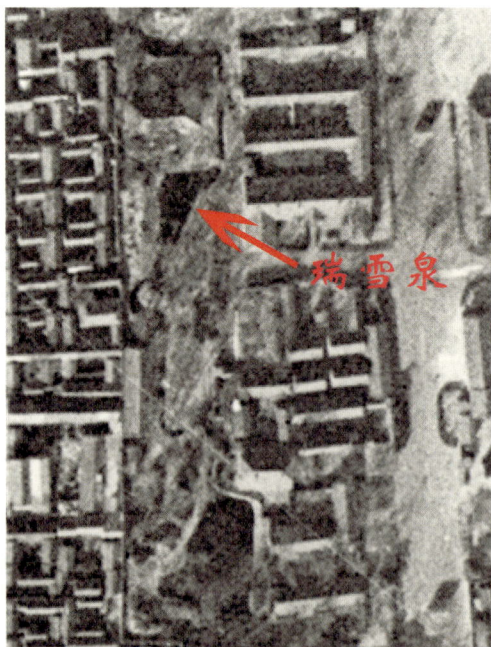

20世纪60年代卫星航拍照中的瑞雪泉

道辗转向西北方的大明湖延伸，此三角形泉池当是瑞雪泉。1981 年历下区地名办公室所绘《济南历下区泉水分布图》上明确标有"瑞雪泉"，位于玉乳泉正北。1997 年版《济南市志》载："瑞雪泉在省人民政府大院西北部，玉乳泉以北。原池长 25 米，宽 16 米，深 1.5 米，块石砌成，水向北流。后湮失。"

关于此泉的湮失时间，有两种记载。1986 年版《济南七十二名泉》（姜宝港著）在列表中记载，"瑞雪泉，省政府院内，湮没"；2013 年版《济南泉水志》记载，瑞雪泉"在历下区省直统管房 18 号"，"20 世纪末填埋湮失"。

2005 年，《济南市名泉保护条例》附件一《济南市名泉名录》将瑞雪泉收录。2023 年，省政府院内、凤翥池西北约 50 米处，恢复一处历史泉池，暂定名为"瑞雪泉"。1965 年山东省地质局水文地质观测总站所编《济南泉水》记载，凤翥池西北 50 米有一无名泉，溢水不明显。此无名泉在玉乳泉东，与历史上的瑞雪泉泉址不合，但与 2023 年恢复的瑞雪泉泉址相合。

2023 年新修复的瑞雪泉　雍坚摄

大比泉

大比泉原位于清代山东贡院内，旧址约在今山东省人民政府驻地东院。大比泉约为清中期人工开凿之泉。旧时科举考试每三年举行一次，称为"大比"。贡院为全省科考中的乡试之地，以"大比"为泉名，暗含此泉为考生饮用之泉。

清乾嘉诗人范坰在《新齐音风沦集》中有"溅泉大比尽流甘"之诗句，同诗笺注在概述济南新出名泉时，有"贡院之大比泉"记载。《新齐音风沦集》为范坰《如好色斋稿》之戊部，《如好色斋稿》书前有嘉庆十七年（1812）翟凝序，范坰对大比泉的题咏和记述当不晚于是年。而由清乾隆五十七年（1792）山东布政司江兰所撰《新浚华笔池记》可知，在他开凿华笔池之前，贡院里并没有泉，故考生"秋试时每取水甚远，味亦不甘"。综上，大比泉的开凿时间当在 1792 ~ 1812 年间。

道光《济南府志》"卷六·山水二"记载："大比泉，在贡院提调道门内，有明成化年碑。"有人据此认为，大比泉在明成化年间已经存在。这应该是一种误解。理由一，如果此时已有此泉，地方志当有记载；理由二，明崇祯《历城县志》记载，贡院曾于"成化十九年重修"，道光《济南府志》所言"有明成化年碑"，当指同期所立的贡院重修碑，并非创修大比泉碑。1942 年《济南市山水古迹纪略》载："大比泉，在贡院内，即今之省署后，图书馆内。"此记载对大比泉的泉址描述有误，位于省署后图书馆内的泉应为扇面池，今天尚存。

2023 年华笔池附近新发现的泉池修缮后景象　马以林摄

当代泉水文献中鲜有对大比泉的记载。1997 年《济南市志》记载："大比泉位于省人民政府院内东部。清道光《济南府志》有载，称'在贡院提调道门内，有明成化年碑'。已湮没，碑亦失。"

2023 年，山东省人民政府东院新挖出一泉，此泉距离华笔池不远，泉址在原清代山东贡院内，是否为已经迷失的大比泉，值得考证。

鞭指井

鞭指井位于历下区鞭指巷 31 号院内。泉池为石砌圆井形，直径 0.43 米。泉水出露形态为渗流，长年不竭，积水成井，水质优良。

鞭指井之名源于其所在的鞭指巷。鞭指巷是济南旧城西部的一条南北向老街巷。根据济南当地传说，此巷原本无名。清乾隆皇帝到济南时，手执马鞭，随口问旁边的大臣刘墉："这条巷子叫什么名？"刘墉答曰："此巷原本无名，皇上您现在一问，它就有名字了，鞭指巷呀！"此后，这条巷子便被称为"鞭指巷"。其实，从地方文献记载来看，清乾隆时期此巷名为"鞭子巷"，直到清末才改称"鞭指巷"。

鞭指井　左庆摄

状元井

　　状元井位于历下区鞭指巷9号院内。因清末状元陈冕在此院长大，故此泉被称为"状元井"。泉池为石砌圆井形，直径0.8米。

　　鞭指巷9号院及附近院落在清末为陈显彝宅邸，后因其孙陈冕考中状元，遂被称为"陈冕状元府"。1859年，陈冕出生于鞭指巷家宅。他天资聪颖，勤奋好学，17岁会试中举，24岁时在殿试中一举夺魁，成为清代第105位状元。状元府第由主院、旁院、花园等组成。其宅基东起鞭指巷，西近西熨斗隅巷，南抵将军庙街，北近双忠祠街。一处宅居，前后左右有四条街巷为邻，其规模之宏大、气势之非凡，可见一斑。2013年10月，陈冕状元府被山东省政府列为省级文物保护单位。

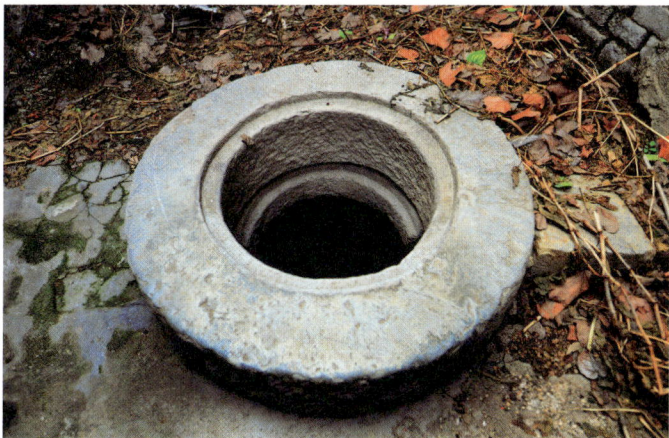

状元井　左庆摄

古双忠泉

古双忠泉原位于历下区双忠祠街 31 号双忠祠院内，乃与双忠祠有直接关系之济南历史名泉。

明崇祯十二年（1639）正月初二，清军架云梯从济南西北城墙突入城内，山东左布政使张秉文、济南知府苟好善、巡按御史宋学朱、历城知县韩承宣等皆战死。清军展开野蛮屠城，济南城中积尸 13 万。当年为农历己卯年，史称"己卯之变"。清康熙时期，为"教忠教孝"，朝廷对一些抗清明臣予以"选择性"褒扬，凡其后人入清为官且有政绩者，均对其予以追封或建祠纪念。宋学朱因儿子宋德宜官拜大学士而被追赠大学士，韩承宣因儿子韩世琦官至巡抚而被追赠工部尚书。康熙四十三年（1704），宋学朱之孙宋广业调任济东道金事，次年，韩承宣之孙韩镐调任济南知府，二人感念先人殉节之事，经寻访找到明末济南人为宋学朱、韩承宣所建的双忠祠旧址（时已圮废），于康熙四十五年（1706）重建新祠。施工过程中，掘地涌出双泉，人们莫不叹为灵异，认为这是宋学朱、韩承宣的精思事迹感天动地所致，遂命名为"双忠泉"。山东督学赵申季撰《双忠泉记》，刻石立于泉旁。

双忠泉出现后，先后被著录入康熙《济南府志》、康熙补刻本《历城县志》。稍后，雍正《山东通志》在记录"济南七十二泉"时，以金代七十二泉为底本，去掉百脉、滴水二泉，而将双忠、不匮二泉予以递补。这种篡改七十二泉版本的做法虽然遭到部分清代文人的指责，但双忠泉

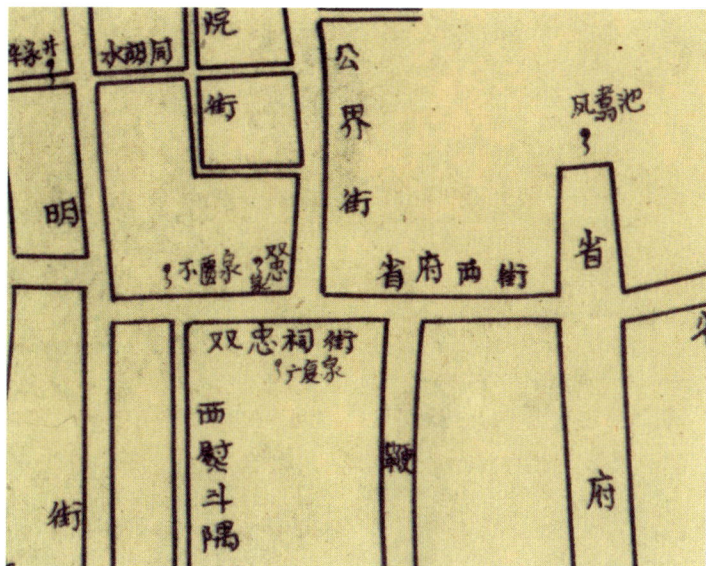

1981年《济南市历下泉水分布图》标注的双忠泉旧址，时已迷失

却越来越受重视。同治年间，郝植恭作《济南七十二泉记》、王钟霖撰《历下七十二泉考》，均收录了双忠泉。民国时期，《双忠泉记》石碑尚嵌于院内南屋东山墙上，墙东即为双忠泉。今双忠祠街31号院内东南角为双忠泉旧址。1949年前，该院修屋拆墙时将双忠泉填埋。2002年，双忠祠街西首一无名泉被"追认"为双忠泉。2004年，此新双忠泉被列入当代新评济南七十二名泉。为与之区别，本文称双忠泉的"本尊"为"古双忠泉"。

双忠泉

双忠泉位于历下区双忠祠街西首路北，当代新评济南七十二名泉之一。

1963年山东省地质局八〇一队一分队所编《济南市泉水系统一览表》中，在孝感泉水系中共记载了两口"华家井"：一在"华家井街十一号路北，井形"，一在"双忠祠街西口，井形"。当时位于"华家井街十一号路北"的华家井，即今位于历下区启明街49号东侧路北的华家井，而位于"双忠祠街西口"的华家井，即今双忠泉。在1965年山东省地质局水文地质观测站所编《济南泉水一览表》中，"双忠祠街西口"的华家井被标为"无名泉"，泉号为W53。同表中，华家井街的华家井仍标为"华家井"。

1981年济南市历下区地名办公室所绘《济南历下区泉水分布图》上，双忠泉地址为"双忠祠街31号院内"，同时注明"已填埋"。1997年版《济南市志》记载称，双忠泉位于"双忠祠街31号院内"，"济南解放前，修屋拆墙时将碑碣推倒铺地，后损毁，泉也随之填埋"。

2013年《济南泉水志》记载："2002年修复双忠祠街西首的一处无名泉，将此泉沿称'双忠泉'。泉水出露形态为渗流，常年不竭。泉池长方形，块石砌成，长2.8米，宽1.7米，深2米。东、北面连接屋墙，西、南面建矮墙为栏，泉旁立'双忠泉'石刻，当代书法家孙墨龙书。"

双忠泉　左庆摄

不匮泉

　　不匮泉位于历下区双忠祠街 33 号院内。今泉水出露形态为渗流，长年不竭，积水成池。泉池为石砌长方形，长 2.4 米，宽 1.85 米。

　　济南老城区曾有四处不匮泉。第一处不匮泉原位于清代济东道署西面的皇亭后（今皇亭体育馆附近）。据清张贞《不匮泉记》和赵申季《不匮泉跋》记载，济东道金事宋广业之母相夫教子，敬奉姑婆，孝名甚著，于清康熙四十四年（1705）诰封一品夫人并赐"北萱映彩"匾额。宋广

20 世纪 60 年代的历山顶街不匮泉　雍坚藏片

业遂在署衙西侧建御书碑亭，并把皇帝赐给其母的匾额挂在里面。建亭凿池时，得一新泉，泉水甘美清冽。依据《诗经》"孝子不匮，永锡尔类"，将泉命名为"不匮泉"。清雍正《山东通志》将此泉列入济南七十二名泉，清道光《济南府志》及民国《续修历城县志》均有载。民国以后，济东道署和皇亭先后成为省会警察署、四十七旅部、体育场等地。此不匮泉逐渐淡出人们的视野。在1965年山东省地质局水文地质观测站所编的《济南泉水一览表》"自喷孔（人工泉）"中，有一处自喷泉位于泉城路运动场，"水位季节性高出水面"，这个自喷泉可能就是皇亭后的不匮泉。

第二处不匮泉位于双忠祠街的双忠祠附近，泉名出现于民国时期。泉址与今双忠祠街不匮泉相合。双忠祠为纪念明末山东巡按御史宋学朱与历城知县韩承宣而建，宋学朱之孙正是清康熙年间济东道金事宋广业，宋广业与不匮泉的故事在流传过程中可能出现了错误。民国时期，人们

不匮泉　陈明超摄

就把双忠祠街的一处泉水当成了不匮泉。1942 年版的《济南名胜古迹辑略》称，"不匮泉在双忠祠内"。

第三处不匮泉原位于历山顶街。1965 年山东省地质局水文地质观测总站所编《济南泉水》记载，不匮泉位于"历山顶街 48 号南院"，外观为井。1982 年陶良喜所著《济南的泉水》记载："黑虎泉北路西边，历山顶街有不匮泉，井形，泉水流不出来。" 此外，1968 年《济南市区所有观测点分布图》和 1986 年《济南泉水图》上，在历山顶街南端路东均标有"不匮泉"。此泉约在 20 世纪 80 年代中后期迷失。

第四处不匮泉见于民国文献，位于山东省农矿厅东院内，旧址在今山东省人民政府驻地院内。1933 年 5 月 28 日《申报》所刊《鲁建厅疏浚济南名泉》一文称："不匮泉，农矿厅东院内。" 1931 年《小清河航道及泉源水道图》上亦标注了"不匮泉"，位置与 1933 年《申报》报道相合。

天净泉

　　天净泉位于历下区双忠祠街 21 号。泉池为石砌正方形，边长 0.7 米，深 0.5 米。泉水出露形态为渗流，长年不竭，积水成池。旧时为附近居民的日常生活用水。

　　此泉原为无名泉，2007 年被命名为"天净泉"。2005 年，《济南市名泉保护条例》附件一《济南市名泉名录》收录此泉。

天净泉　左庆摄

厅泉

厅泉位于历下区双忠祠街 17 号院南屋内，为 2021 年 3 月济南泉水普查时新发现的泉井。此泉原为无名泉，2021 年被定名为"厅泉"。此泉井为青石圆形井口，直径很小，仅 0.2 米，井口下 1 米左右为泉水水面，水质清澈。

房主人敬惜泉源，装修房子时，特意在井口上设置了两块可移动地板，掀开后，可见井口；盖上地板，上面可放茶几。现在房子租给了房主的亲戚，后者在这里开了一个小婚庆公司，经常有人来谈业务、喝茶。双忠祠街 17 号院为传统风貌的代表性民居，2020 年 12 月被历下区人民政府列为第一批区级文物保护单位。

厅泉　左庆摄

太平井

　　太平井位于历下区太平胡同5号屋内。泉池外观为石砌圆形，井口直径仅0.3米，小巧玲珑。井口上方近年来新置了青石井栏，井栏高约0.3米。泉水清澈，水质优良，四季有水，水面距离地面仅1米多。

　　此泉是2011年8月济南泉水普查时新收录的泉点，原为无名泉。2013年济南市名泉办、民政局和济南市名泉研究会面向社会为30处无名泉征名，后报请济南市人民政府批准，因此泉井位于太平胡同，故将其命名为"太平井"。

太平井　左庆摄

广福泉

广福泉位于历下区双忠祠街 12 号大门内西侧,旧称"广复泉"。泉水出露形态为渗流,长年不竭,积水成池。原池长 1.05 米,宽 0.7 米,深 1.75 米,由条石砌成,雨季涌,后淤塞。2000 年 5 月得以修复。今池呈长方形,为石砌,长 3.5 米,宽 2.9 米,池岸筑有石柱栏板。

1933 年 5 月 28 日《申报》所刊《鲁建厅疏浚济南名泉》一文称首次记载此泉:"广复泉,双忠祠街二十四号某铺院内,泉由市民调查而知。"1956 年山东省建筑设计研究院勘察室手绘的《济南泉的分布图》中,标注为"广复泉"。1965 年山东省地质局水文地质观测站编的《济南泉水一览表》就记为"广福泉",称其位置在"双忠祠街十二号广福斋酱园"。这处院落早年为酱菜铺,不知是店名取自泉名,还是泉名取自店名。1965 年的出流状况为"池被污染和淤塞"。1983 年济南泉水调查时,该泉已被填埋。近年来,又疏挖重建。

广福泉 左庆摄

罗家泉

罗家泉位于历下区罗家胡同 1 号院西屋内，为 2021 年 3 月济南泉水普查时新发现的泉井。此泉原为无名泉，因所在院落住户姓罗， 2021 年被定名为"罗家泉"。此泉井上方盖有直径 0.5 米的铁皮井盖，如果不仔细看，很难发现这里藏着一口泉井。掀开井盖后，只见井筒直径只有 0.33 米左右，上部为砖砌，底部为石砌。井内泉水洁净清澈，水深 0.6 米，水面距离井口约 1.1 米。

时年 74 岁的房主田维民介绍说，此院是罗家祖辈于民国时期购买的，他是第三代在此居住的罗家后人。据了解，因具有典型民国建筑特征，2018 年罗家胡同 1 号院被济南市人民政府列入济南市历史建筑普查名单。

罗家泉　左庆摄

忠孝泉

忠孝泉位于历下区罗家胡同 8 号，为 2021 年 3 月济南泉水普查时新发现的泉井。此泉原为无名泉，2021 年将其定名为"忠孝泉"。此泉位于 8 号院内西南侧的前后院过道中，井口上为高约 0.3 米的青石井栏。由此下望，井水距地面不足半米，泉水清可鉴人。

时年 62 岁的杨世艳女士介绍说，她一直生活在这里，整个院子分为前后院，井口正好位于前院通往后院的胡同中间，整个院子是杨家祖宅，东南西北屋都有。杨家在这里至少住了五代人。罗家胡同 8 号院保持着较为典型的民国风格，2020 年被历下区人民政府列为第一批区级文物保护单位。

忠孝泉　左庆摄

孟家井

　　孟家井位于历下区孟家胡同 7 号院旁。泉池为外圆内方形井，井口外盖有铸铁井盖。掀开井盖可见，井筒为方形，为砖石混筑，上部为红砖，下部为条石。从迹象上看，似乎在使用过程中进行过人工修复。水面距井口约 1.5 米，泉水澄澈，长年不竭。旧时曾为住户的饮用水源。

　　此泉原为无名泉，是 2011 年 8 月济南泉水普查时新收录的泉点。2013 年济南市名泉办、民政局和济南市名泉研究会面向社会为 30 处无名泉征名，后报请济南市人民政府批准，因此泉位于孟家胡同，故将其命名为"孟家井"。

孟家井　左庆摄

福德泉

　　福德泉在历下区孟家胡同 1 号院旁。泉池为外方内圆形石砌井，井口直径 0.63 米。泉水澄澈而充盈，出露形态为渗流，长年不竭，水质优良。

　　此泉原为无名泉，是 2011 年 8 月济南泉水普查时新收录的泉点。2013 年济南市名泉办、民政局和济南市名泉研究会面向社会为 30 处无名泉征名，后报请济南市人民政府批准，因此泉是老住户张福德先生所挖，故沿用了居民的称呼，将其命名为"福德泉"。

福德泉　左庆摄

鸳鸯泉

　　鸳鸯泉位于历下区孟家胡同 5 号院内，为 2021 年 3 月济南泉水普查时新发现的泉井。此泉外貌为古朴的圆形青石井口，直径为 0.36 米。井筒为青石砌筑，由井口下望，泉水距井口不足 1 米，水质澄澈。平时，此泉井口被石板覆盖，以防落入树叶和杂物。

　　此泉原为无名泉，无文献记载。鉴于孟家胡同约为晚清时期才形成的街巷，由此推测，此泉或为同期挖凿修筑而成。2021 年，新将此泉定名为"鸳鸯泉"。

鸳鸯泉　左庆摄

雪泉·放生池

　　雪泉原在山东布政司署名士轩南，今位于历下区西公界街 2 号省经委宿舍院内。清道光《济南府志》及民国《续修历城县志》均有记载。清乾隆年间，山东布政使江兰拓建放生池时得此泉。泉池修好后，桂馥题写泉名，翁方纲作《雪泉功德水记》，并刻书石上。当时，泉池甚大，水颇清，荇藻青翠，锦鱼戏游，成为济南一大胜景。后又在池旁建讲堂数栋，名为"济南书院"。1982 年重修雪泉泉池。泉池为石砌方形，边长 2.3 米。池周有"雪泉"雕刻石栏，池南壁镶泉名刻石。泉水出露形态为渗流，水势旺盛，长年不涸。

　　放生池位于历下区西公界街 3 号院内，与雪泉相邻，又称"功德水""功

雪泉　左庆摄

108

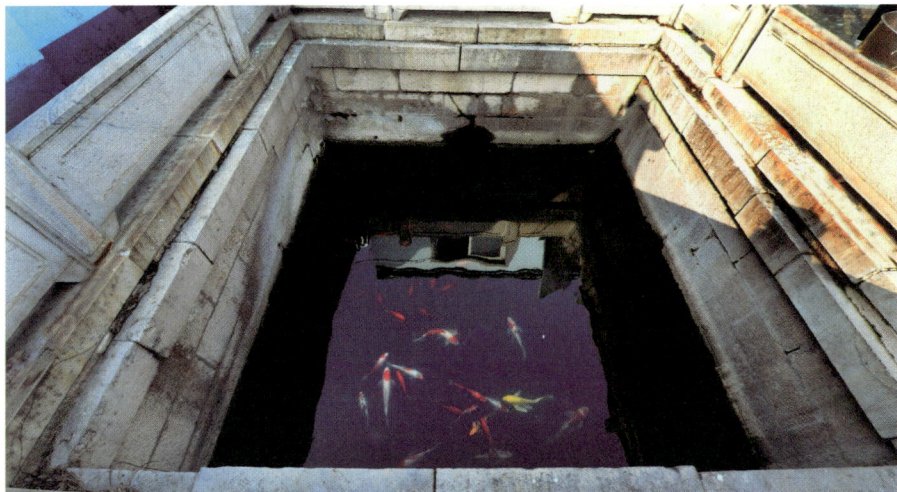

放生池　左庆摄

德泉"。清乾隆年间，由山东布政使江兰拓建而成。山东学政翁方纲在乾隆五十八年（1793）撰写的《雪泉功德水记》云："引署内华笔、凤翥二池之流，汇珍珠、芙蓉诸泉，以成斯池。"今泉池为石砌方形，边长3.4米。泉水出露形态为渗流，长年不竭。

　　雪泉与放生池原在同一片水域。在清末至1949年的济南地图上，自西公界街的吕祖庙向北一直到大明湖是一整片水域，这个小湖泊被称为"小南湖"或"小明湖"。它就是由清代江兰挖掘的雪泉、放生池演化而来的。旧时雪泉的涌量很大，《雪泉功德水记》称"趵突泉三泉，雪泉则六之"，说明雪泉最初是六股水。雪泉加上"引署内华笔、凤翥二池之流，汇珍珠、芙蓉诸泉"汇成放生池。由此看出，泉池的水域面积很大。泉池边建有寿佛楼，供奉观音大士，放生池即为佛堂的"净池"，今西公界街北仍有寿佛楼后街。寿佛楼东建有讲舍，清嘉庆年间，被巡抚铁保改建为济南书院，清末民初改为济南中学堂。中华人民共和国成立前，《雪泉功德水记》碑刻、书院已废。后来，小明湖水域逐渐缩小，放生池与雪泉也分为两处。

名士泉

晚清济南文人王钟霖在《历下七十二泉考》中著录此泉，称："济南书院泉也。泉石清雅，灵源浚发。旧无名，志亦未载。因名士轩泉同脉，取杜少陵'济南名士多'句意，以名此泉，补志之阙。"

济南书院为清嘉庆九年（1804），山东巡抚铁保创建。据铁保撰文的《新建济南书院记》可知，济南书院建于前山东布政使江兰所建的江园，此地位于藩署西面。而翁方纲撰文的《雪泉功德水记》显示，江园所在之地，"旧为名士轩，南丰瓣香在焉"。王钟霖为济南书院中的无名泉取名为名士泉，正是基于这个典故。此泉在后世文献中未见提及，原址当在西公界街雪泉附近，或湮没于民国时期。

1902年《省城街巷全图》上标有"济南书院"

厨泉

　　厨泉位于历下区西公界街 35 号院内的西南角屋中，为 2021 年 3 月济南泉水普查时新发现的泉井。此泉原为无名泉，2021 年将其定名为"厨泉"。此泉所在的屋子被辟为厨房，过去做饭、刷碗时取水十分方便。如今，此泉已经闲置不用，屋主人用一块三合板将其盖住。掀开三合板，可见圆形青石井口，直径约 0.4 米。井内泉水充盈，距离井口约 0.3 米。

　　据了解，此泉为 35 号院内老井，始建年代不详。在此院住了 35 年的张志华女士（时年 57 岁）介绍说："现在这个院子里住着好几户人家。这个泉位于郎冠增老师（时年 58 岁）家门口，郎老师在这里出生长大，（他们家）至少（在这里）生活了三代人。20 多年前，因为都用上自来水了，在房屋改造的时候，就把泉眼盖进了屋里。由于地方小，夏天还在使用，到了冬天到处都是水，就基本不用了。"

厨泉　左庆摄

公界泉

公界泉位于历下区西公界街40号院旁。泉池为水泥砌筑，呈井形，井口直径0.72米。泉水出露形态为渗流，长年不竭，水质优良。

公界泉为2011年8月济南泉水普查时新收录的泉点，2013年2月5日因位于西公界街而得名。公界街，原为"公廨街"，后以谐音称为"公界街"。公廨即为官署，因街道紧邻官署，故称"公界街"。

公界泉　左庆摄

熨斗泉

熨斗泉位于历下区西熨斗隅巷 34 号院内西北方，在北屋前面，为 2021 年 3 月济南泉水普查时新发现的泉井。此泉外观呈圆形，为砖石混筑之井，井口直径约 1 米。

据了解，现在居民已不常使用此泉井，井口被保护性遮盖。掀开盖板，只见泉水清澈，水面距离井沿约 1 米，井壁上遍生绿色青苔。古井南侧长有一株粗大的石榴树，虬枝盘旋，与古井遥相呼应。

此泉原为无名泉，2021 年因其所在街巷被定名为"熨斗泉"。西熨斗隅旧称"熨斗隅"，以形如熨斗而得名。街名约出现于晚清，清光绪己丑年（1889）《省城街巷全图》上始标有"熨斗隅"。

熨斗泉　左庆摄

113

纹银泉

纹银泉位于历下区西熨斗隅巷 10 号院内西屋前，为 2021 年 3 月济南泉水普查时新发现的泉井。此泉原为无名泉，2021 年被定名为"纹银泉"。西熨斗隅巷 10 号院为大门朝南的院落，西屋前有一棵合抱的大杨树，杨树北侧就是盖着铁皮井盖的纹银泉井。井口直径为 0.5 米，井壁为砖石混筑，井内泉水清澈，水面距井沿约 1 米。

据了解，西熨斗隅巷 10 号院现已没有居民居住。大杨树东侧还有一株更粗的梧桐树。两株大树像两个垂暮的老人，栖守着这个冷清的院落。

纹银泉　左庆摄

启福泉·启禄泉·启寿泉·启喜泉

  启福泉、启禄泉、启寿泉和启喜泉均位于历下区启明街，为居民生活用水，本文统称它们为"启明街四泉"。

  启福泉位于历下区启明街 35 号院内。泉池呈井形，池口由水泥修筑，井壁为石砌，直径 0.68 米。泉水出露形态为渗流，长年不竭，积水成井，水质优良。

  启禄泉位于历下区启明街 41 号院内。泉池呈井形，为水泥修筑，直径 0.42 米。泉水出露形态为渗流，长年不竭，积水成井，水质优良。

  启寿泉位于历下区启明街 47 号院内。泉池呈长方形，池口为石砌，池壁由水泥修筑并贴有瓷砖，长 0.48 米，宽 0.41 米。泉水出露形态为渗流，长年不竭，积水成池，水质优良。

启福泉 左庆摄

启禄泉 左庆摄

启寿泉　左庆摄

启喜泉　左庆摄

　　启喜泉位于历下区启明街87号院内。池呈井形，为石砌，直径0.9米。泉水出露形态为渗流，长年不竭，积水成井，水质优良。

　　这四处泉水以前均为无名泉。2013年济南市名泉办、民政局和济南市名泉研究会面向社会为30处无名泉征名，后报请济南市人民政府批准，将四泉分别命名为"启福泉""启禄泉""启寿泉"和"启喜泉"。因四泉都在启明街，借用"启"字，又各从"福禄寿喜"中借用一个祥瑞之字，组成泉名，寓意为福禄寿喜俱全，开启美好幸福生活。

华家井

　　华家井位于历下区启明街 49 号东侧路北。原为当地居民饮用水源，1965 年被填埋。济南市名泉保护部门于 2000 年 5 月将其修复。池呈井形，为石砌，直径 1.13 米，深 2.4 米。泉水出露形态为渗流，长年不竭，积水成井。

　　华家井为济南古名泉，明崇祯《历城县志》已载有"华家井"，但对其位置的记述并不具体，只大致说在"布政司西"。据此可知，华家

华家井　左庆摄

20世纪60年代华家井街的华家井　雍坚藏片

井至今已有至少近400年的历史。今启明街北段，旧称"华家井（街）"。街上及居民院内水井众多，旧时被称为"华家井"的水井有多处。如1963年山东省地质局八〇一队一分队所编《济南市泉水系统一览表》中，在孝感泉水系中就记载了两口"华家井"：一在"华家井街十一号路北，井形"，一在"双忠祠街西口，井形"。当时位于"华家井街十一号路北"的华家井，即今位于历下区启明街49号东侧路北的华家井，而位于"双忠祠街西口"的华家井，即今双忠泉。

　　华家井所在的济南旧城西北部，是济南人最早居住的地方。2002年在高都司巷遗址的考古发掘显示，在不足10000平方米的面积内，发现30多眼水井，出土的器物远至先秦。这一地区地下水充沛，掏井非常容易，自古就有先民在此居住，因此出现多个华家井并不为奇。

羊脂泉

羊脂泉位于历下区启明街 101 号院内。泉池原呈圆井形，为石砌，直径 0.45 米。20 世纪初，泉址南侧兴建大型商业楼后，此泉水势一度衰退，几近枯竭。

2021 年济南市泉水普查时发现，此泉业已恢复，并进行了景观提升，取名为"羊脂泉"。此泉位于院内东院东屋前，围有圆形井栏，直径 0.33 米，深约 2 米，泉水清澈。

羊脂泉　左庆摄

涌锡泉

涌锡泉位于历下区泉城路路北、泉城路 335 号院内。泉池呈方井形，边长 0.55 米。池口井栏呈圆形，为厚石凿成，直径 0.4 米。池壁由砖石砌垒，池深 3.5 米。长年有水，久旱不涸。池岸墙上嵌有清道光三年（1823）所立的刻石，石上"涌锡泉"三字隐约可辨。

涌锡泉至少有 100 年历史，但未见任何文献记载。此前深藏于居民院中，为居民生活用水，是 21 世纪初泉水普查时发现的。2021 年 3 月济南泉水普查时，此泉仍为住户所使用。井下 1 米许即是清澈泉水。

涌锡泉　左庆摄

启泽泉

启泽泉位于历下区水胡同 1 号院内东北角，为 2021 年 3 月济南泉水普查时新发现的泉井。此泉原为无名泉，2021 年被定名为"启泽泉"。

水胡同 1 号院北屋前种有两株碗口粗的石榴树，石榴树北面即是启泽泉。此泉外方内圆，里面是青砖砌筑的圆形井壁，井口外是水泥砌筑的方形井栏。井内泉水清可鉴人，水面距地平面不足 1 米。据了解，1 号院的几代人一直住在这里。他们希望将来把这个院子留给孩子，再把泉子和院子好好整修一下。

济南城区原有数条水胡同，1929 年为避免重名，其他水胡同被官方分别改名为"平泉胡同""涌泉胡同""濂泉胡同"，仅此街维持原名——"水胡同"。

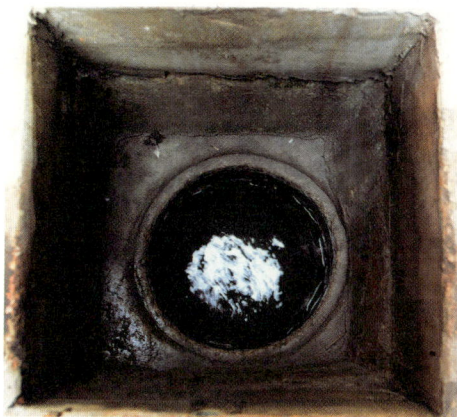

启泽泉　左庆摄

孝感泉

　　孝感泉古称孝水、孝感水，又称太平寺泉，原在济南西门内孝感坊北、趵突泉北路 22 号院内。孝感坊内有建于唐贞观年间的孝感寺，该寺明初改称"太平寺"，寺旁街巷称"太平寺街"，街名存续至今。

　　孝感泉因一则孝感泉涌的神话故事而得名，早在东晋十六国时期就已出现泉名。南燕晏谟《三齐记》中记载："其水平地涌出，为小渠，

20 世纪 90 年代，孝感泉泉池被棚盖　陈衍涛摄

122

与四望湖合流入州，历诸廨署，西入泺水。耆老传云，昔有孝子事母，取水远。感此，泉涌出，故名'孝水'。"此前，济南有文献记载的泉水只有泺水（趵突泉）和华泉。

孝感泉还是济南诸泉中唯一被皇帝敕封之泉。北宋乐史《太平寰宇记·卷十九》记载："孝感水在县北门……天宝六年，敕改'孝感水'。"天宝六年为公元747年，在位皇帝为唐玄宗李隆基。

孝感泉在济南名泉中地位显赫，是济南七十二泉家族中的"三朝元老"，金《名泉碑》、明《七十二泉诗》、清《七十二泉记》均将其著录。元于钦《齐乘》在转载金《名泉碑》时，称其位于"孝感坊内"。明晏璧《孝感泉》曰："齐城孝子格天心，井涌清泉冽且深。跃鲤卧冰非好异，流传胜事到于今。"清郝植恭《七十二泉记》记载："曰孝感，孝子事亲，水远，感而出泉。"值得一提的是，"孝感涌泉"的故事在明代又附会在了元代济南孝子刘琮的身上。明代文学家王象春在《齐音》笺注中最早记载了这个故事，大意是：元代孝子刘琮的父亲久病卧床，他为此用尽家产，被迫卖妻卖女，山穷水尽之时，只好在家焚香祈祷，甘愿代替父亲去死。这件事感化了神灵，在刘琮将写有誓言的简牒于家中挖坑掩埋时，竟然挖出一窖铜钱，把铜钱取出后，地中涌出一泉。他的父亲喝了泉水，大病痊愈。刘琮于是舍宅为寺，称之为孝感寺。后来铁铉据守济南抗击燕兵时，曾在寺内贮存兵器，此寺遂改名为"太平寺"。这个晚出的传说，虽然缩短了孝感泉的历史由来，但进一步神话了孝感泉的灵性，在明清时期广为流传。

济南古城内外，古时有三个独立的泉源水系，一是源自趵突泉的泺水水系，二是源自舜泉的历水水系，三是源自孝感泉的孝水水系。孝水原为明渠，在北流途中，被太平寺僧人引入厨房以方便取用，成为古人依泉而生、巧用泉水的一段佳话。嘉靖《山东通志》记载："太平寺在

123

1955年，孝感泉景象

府城西门内。寺前有孝感泉，汇而为池，曲折引流入僧厨，复流出垣，达于北渚。正德间重修，环绕寺内，出达北渚。"

约在清晚期，伴随着沿途民居的增多，为方便居民出行，孝水水渠改为暗渠，其水北流入小南湖（大明湖西南角区域）。当代，小南湖渐趋缩小，最终消失。与之相伴的是，孝感泉涌量也逐渐减少。1965年山东省地质局水文地质观测总站所编《济南泉水》记载，孝感泉平稳溢流，最小流量4.5升/秒，最大流量10.4升/秒。

由于街巷名称的变迁，孝感泉的泉址在文献记载中有多种表述。如1942年《济南市山水古迹纪略》记载称，"在西门内，太平寺前"。1963年山东省地质局八〇一队一分队所编《济南市泉水系统一览表》记载，在"达子街七号大门内南院"。1965年后达子街街名取消，此泉泉址又表述为"趵突泉北路22号院内"。2003年版《济南泉水考略》记载：

"90 年代初兴建三联大厦后移址重建泉池。以石砌岸，长 3.4 米，宽 2 米，上盖水泥板，池岸自然石镌'孝感泉'三字。后又填埋。" 2005 年，《济南市名泉保护条例》附件一《济南市名泉名录》将孝感泉收录。2013 年《泉水资料辑录（上）》载："1994 年三联大厦建成前仍存方池，后被填埋。前因有望修复，载入《济南市志》，至今无修复迹象，故列此项。"2014 年版《济南七十二名泉考疏证》载："1990 年后修建三联大厦，移泉池于商厦南侧。1994 年被棚盖，上覆水泥板，立自然石镌'孝感泉'名。1997 年后修建停车场，填埋淹没。"2021 年济南泉水普查时，此泉仍处于迷失状态。

太平寺街二泉

历下区太平寺街 2 号院和 6 号院，各有无名泉一眼。2005 年，《济南市名泉保护条例》附件一《济南市名泉名录》以"无名泉"身份将二泉收录。

2013 年版《济南泉水志》对二泉的记载如下：太平寺街 2 号院内无名泉，泉池为圆井形，石砌，口径 0.4 米，旧时为居户饮用和日用水源。泉址南侧兴建大型商业楼后，井内泉水出流量变小，几近枯竭，后原住户将井口棚盖。

太平寺街 6 号院内无名泉，位于正屋东侧的房根处。泉池为圆井形，石砌，口径 0.45 米。南侧兴建大型商业楼后，井内泉水出流量变小，几近枯竭，后原住户用混凝土将泉口封盖。

太平寺街 2 号　汪眉含摄

太平寺街 6 号　汪眉含摄

太平泉

太平泉原位于历下区太平寺街40号门口，20世纪80年代迷失。因历下区北太平街也有一眼太平泉（俗称苦水井子），为相区别，当代又称太平寺街太平泉为西太平泉，北太平街太平泉为东太平泉。

晚清济南文人王钟霖在《历下七十二泉考》中载有一眼"宜男泉"，称"在太平寺街，本瞽女泉。志言宋刘庭式娶瞽女，三饮此水，生三男，因名。事近傅会，名亦未雅，因改'宜男'"。据济南当代学者陈明超

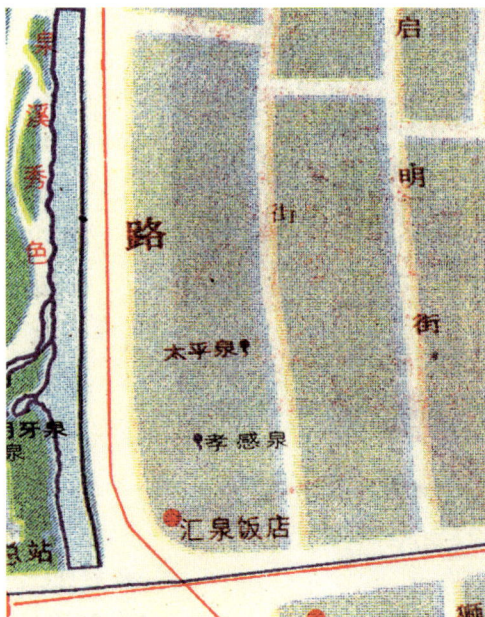

1986年《济南泉水》图上标有"太平泉"

考证，"宜男泉，当为（西）太平泉，又名瞀女池"。瞀女池，最早见于明王象春《齐音》记载："宋士人刘廷式，聘女而瞀，竟娶之，情好不异。其女克家，庭下得泉成池。瞀女凡三饮其泉，三得其男，人以为刘重义所感。"

1963 年山东省地质局八〇一队一分队所编《济南市泉水系统一览表》所载孝感泉水系中，有一无名泉，位于"太平寺街四十号门前，井形"。山东省地质局水文地质观测总站所编《济南泉水》记载，"太平寺街 40号门口"之泉为"太平泉"，出流情况为"井形，潜流入下水道"，利用情况为"饮用"。

1986 年《济南泉水》图上标有"太平泉"。1997 年《济南市志》载："（西）太平泉在太平寺街南端。井形。60 年代初期尚存，水流入地下水道。1983 年调查时已填埋。"

启润泉

　　启润泉位于历下区西城根街 22 号院，为 2021 年 3 月济南泉水普查时新发现的泉井。此泉原为无名泉，2021 年被定名为"启润泉"。该泉外圆内方，井栏高 0.15 米，直径 0.43 米，外观古朴，透露出岁月沧桑。由井栏下望，可见青石砌筑的方形井壁。井内水质清澈，水面距地面有 1 米多。据了解，此泉井已多年不用，现用井盖盖着，以防污染。

启润泉　左庆摄

升仙泉

　　升仙泉位于历下区西城根街44号院旁。原为无名泉，2009年被命名为"升仙泉"。泉池呈长方形，为水泥砌筑，长0.73米，宽0.43米。泉水出露形态为渗流，长年不竭，是附近居民的主要饮用水源。

　　升仙泉泉名来自泉边旧时的升仙桥。据明崇祯《历乘》记载，"升仙桥，城内西北隅"。在清光绪《省城街巷全图》上，今西城根街位置标注有"升仙桥（街）"。在1929年《济南"五三"惨迹详细图》上，此处标为"升平街"。

升仙泉　左庆摄

太极泉

太极泉位于大明湖路西端路南、济南第七职业中专院内。泉水出露形态为涌状，长年不竭，水质优良。原泉池呈井形，曾是 20 世纪 60 年代水文地质部门的测试点，20 世纪 70 年代停用。1997 年 3 月，附近泉眼在建筑施工中被填埋，而此泉喷涌而出，遂建边长为 1.2 米的方形泉池，水顺管道注入排水沟，流进大明湖。今泉池呈长方形，为水泥修筑，长 1.3 米，宽 0.9 米。

太极泉最早记载于明崇祯《历城县志》，称："太极泉，太平寺北。旧为许殿卿读书处，形圆水清，流入明湖。"太平寺又名"孝感寺"，在原济南刺绣总厂剧装分厂（今三联大厦北）。许殿卿即明代历城诗人、文学家许邦才，许邦才宅在今省府前街。太极泉在清道光《济南府志》和王钟霖《历下七十二泉考》中都有记载。

太极泉　左庆摄

刘氏泉

刘氏泉位于历下区曲水亭街南头、西更道街北端路西。金《名泉碑》、明《七十二泉诗》均有收录。20世纪60年代初被填埋。 1998年12月得以修复。泉水出露形态为渗流，长年不竭。泉池为石砌方形，边长1.8米，深0.68米。东、北、南三面装饰有兽头石雕栏杆。泉池南侧为珍珠泉水与王府池子泉水相汇之处，溪流潺潺，小桥卧波。因西临水渠，又称"曲水河"。泉水自西侧池壁溢出，汇入曲水河，流经百花洲，注入大明湖。泉池东南侧为珍珠泉大院。

昔时，曲水河畔建有一凉亭，名"曲水亭"。泉边亭畔是品茗博弈

刘氏泉　左庆摄

刘氏泉　左庆摄

的场所。据传说，清代著名书画家郑板桥曾在此题写了上联："三椽茅屋，两道小桥；几株垂柳，一湾流水。"有人接题了下联："忙里偷闲，下盘棋去；闹中取静，泡碗茶来。"

　　刘氏泉最早载于金《名泉碑》，元《齐乘》记载其在"北珍珠西北"。明《七十二泉诗·刘氏泉》诗称"泉名刘氏果何人，千载风流数伯伦。天产酿泉清可掬，松花满泛瓮头春"，诗中将刘氏泉的刘氏比为"竹林七贤"之刘伶，将泉水比作佳酿。明末《历乘》称其与灰泉"俱在德府内"。其后，除志书沿袭《齐乘》的观点，称其在"北珍珠西北"外，明、清文献鲜有提及。清末王钟霖《历下七十二泉考》称刘氏泉等六泉为"无考"之泉。民国《历城县乡土调查录》称："在曲水亭街路西民宅内。"1983年《泉水调查统计表》称刘氏泉在"曲水亭街南头"，"与河水混流难分辨"。今泉池为1998年12月在西更道街1号门前所修复的，并立有泉名碑。

佐泉·佑泉

佐泉位于历下区曲水亭街 15 号西院。泉池为水泥砌筑方井，边长 0.42 米。近年来，泉井上设置圆形井栏。泉水出露形态为渗流，长年不竭，水质优良。

佑泉位于历下区曲水亭街 15 号东屋。泉池为石砌长方形，长 0.5 米，宽 0.4 米。泉水出露形态为渗流，长年不竭，水质优良。

佐泉和佑泉均为 2011 年 8 月济南泉水普查时新收录的泉点，是 2013 年 2 月 5 日济南市人民政府予以命名的新泉。佐泉原来是居民院里

佐泉所在的西院　左庆摄

位于曲水亭街 15 号东屋的佑泉　左庆摄

的饮用水井，已有 100 多年的历史。佑泉为 20 世纪 80 年代挖掘而成。两处泉水位于同一院内，分别居于左、右两边。在古代，君王左边是文臣，称之为"佐"；右边是武将，称之为"佑"，分别有"辅佐"和"护佑"之意，因而将二泉命名为"佐泉""佑泉"。

曲水泉

曲水泉位于历下区曲水亭街12号院内，为2021年3月济南泉水普查时新发现的泉井。曲水亭街12号院位于曲水东岸，大门朝西，进门后正对着的就是这一泉井。井口外罩着仿古青石石雕井栏，井内泉水清澈，水面距离井口约2米。整个12号院中无老住户居住，院子整饬一新后被曲水亭社区青年服务站等社团使用。

此泉原为无名泉，2021年因所在街巷被定名为"曲水泉"。曲水亭街之名约出现于晚清，清光绪己丑年（1889）《省城街巷全图》上始标有"曲水亭"。

曲水泉　左庆摄

石榴泉

石榴泉位于历下区曲水亭街 31 号院内北屋前。此泉原为无名泉，为 2021 年 3 月济南泉水普查时新发现的泉井，后被定名为"石榴泉"。31 号院大门朝东，该泉井位于北屋前。井口外罩着仿古青石石雕井栏，井口直径约 0.4 米，井壁呈不规则形，为青石与青砖砌筑，年代感十足。井口下 1 米左右即是清可照人的泉水。古井旁边是一棵碗口粗的大石榴树，虬枝盘旋。曲水亭街 31 号院是一个百年老院，因风貌古朴，近年来被列为济南市市级历史建筑和历下区第一批文物保护单位。

石榴泉　左庆摄

岱宗泉

　　岱宗泉位于历下区岱宗街南端路东。原无名，1994年济南市建委组织泉水调查时依居民口述给其命名。泉池为石砌圆井形，直径0.6米。泉水出露形态为渗流，长年不竭。昔日，街中居民皆饮此水。

　　岱宗泉泉名源自所在街道岱宗街。岱宗街原名"娘娘庙街"，20世纪二三十年代改名为"岱宗街"。街东侧原有碧霞宫，祀碧霞元君，俗称"娘娘庙"。明崇祯《历城县志》称，碧霞宫在济南有多处，"以德府后为古"。

岱宗泉　左庆摄

术虎泉

　　术虎泉原位于历下区岱宗街 8 号。2005 年，《济南市名泉保护条例》附件一《济南市名泉名录》以"无名泉"身份将其收录。同年 7 月，岱宗街 8 号居民术先生重修泉井时，将他自取的"术虎泉"之名刻于井口之上。2007 年，济南市名泉保护部门面向社会为无名泉征名时，根据岱宗街 8 号居民意愿，将该泉正式定名为"术虎泉"。

　　据 2009 年 12 月 2 日《生活日报》报道，岱宗街 8 号居民术先生一家在该院已居住了六代。"术"其实是《岳飞传》中金兀术的"术"，

2009 年，岱宗街 8 号院内术虎泉　王蕾摄

音同"竹"。关于术姓的由来有两种说法:一是其祖先原为蒙古族,因得罪元朝皇帝被满门抄斩,侥幸逃生的后人为避祸而改为"术"姓。二是术姓为金代宰相术虎高琪之后,原为复姓"术虎",在明朝建立后,为避祸改姓术。术先生得此说之启发,取"术虎高琪"之姓,称自家的泉为"术虎泉"。

2009～2010年百花洲片区拆迁期间,术虎泉被填埋。2011年8月泉水普查时,未找到术虎泉踪迹。2021年济南泉水普查时,此泉仍未恢复。

北芙蓉泉

北芙蓉泉原位于历下区岱宗街 24 号院门口。此泉既未被金《名泉碑》和明晏璧《七十二泉诗》所著录，又未被明《崇祯历城县志》和清乾隆《历城县志》所记述，但明清诗人对它却颇为青睐。

明末，在殿试中曾摘得一甲榜眼的王象春，因仕途不得意辞职还乡，于万历四十四年（1616）来到济南，在百花洲购得李攀龙旧居为家，作诗百余首吟咏济南风光，集为《齐音》一书。其中，便有专为百花洲附近的北芙蓉泉所作的一首竹枝词："碧霞宫左北芙蓉，深苇荒芦闭乳钟。传说每年惊蛰日，居民床底吼蛟龙。"在诗作笺注中，王象春还专为北芙蓉泉打抱不平："碧霞宫左，芦荻苍茫，人不知其即北芙蓉泉也。南芙蓉为居民归入私宅，士人不共游赏，已杀风景。况此堰塞不复可辨，

2023 年春重见天日的北芙蓉泉　雍坚摄

142

20 世纪 60 年代的北芙蓉泉　雍坚藏片

岂天意密秘其胜，故留名泉一半以待后人耶？"清乾嘉时期，历城文人范坰遍游济南山水名胜，在所著《新齐音风沦集》中，亦有一篇佳作是题咏北芙蓉泉的："碑上名泉已遍探，灐泉大比尽流甘。碧霞宫外新亭好，秋水芙蓉一镜涵。"尤有文献价值的是，该诗作笺注中记述了当时济南名泉的总体状况，以及关于北芙蓉泉的一次景观提升。其文如下："名泉七十二，今存不及半。其新出有名者，巡抚署之灐泉，朱竹垞有记；贡院之大比泉。嘉庆十六年，又得北芙蓉泉于碧霞宫东畔、水官庙前，作亭覆之。……《名泉碑》：'芙蓉泉，在姜家亭前。'世远年湮，地名屡易，未识与瞻泰楼之芙蓉泉是一是二也。"

民国文献中，对北芙蓉泉多有著录。如 1926 年《续修历城县志》、1941 年《济南名胜古迹辑略》、1942 年《济南市山水古迹纪略》等书，都记载了此泉。1933 年 5 月 28 日《申报》所刊《鲁建厅疏浚济南名泉》一文称："北芙蓉泉，岱庙街二十五号，墙上嵌石，题有泉名。"

1963 年山东省地质局八〇一队一分队所编《济南市泉水系统一览表》将其记为"芙蓉泉"，位于"岱宗街廿四号门前"。1965 年山东省地质局水文地质观测总站所编《济南泉水》记载，北芙蓉泉的泉号为 W76，位于"岱宗街 24 号门口"，出流情况为"井式，出流不明显"，利用情况为"未用"。20 世纪 60 年代末，附近居民修房子时，把北芙蓉泉用石头盖住，又在石头上覆盖一层薄土。20 世纪 90 年代，北芙蓉泉泉址上被加盖小厨房一座，周围地面也进行了硬化，自此北芙蓉泉被彻底掩埋。

21 世纪以来，保泉爱泉意识深入人心，社会各界恢复北芙蓉泉的呼声此起彼伏。2009 年，《生活日报》推出"唤醒睡泉"系列报道，众多市民、专家建议在百花洲片区改造中应适时恢复北芙蓉泉。2010 年在济南"两会"上，市政协文史委提交的《抓住契机做好名泉恢复工作》被定为大会提案，其中，重点提到"北芙蓉泉的恢复时不我待"。2022 年，济南市政协制度化协商民主平台"商量"节目现场，有关专家再次呼吁尽快恢复北芙蓉泉。此后，济南古城保护中心及历下区水务局等相关部门开始着手寻找并恢复北芙蓉泉。

2023 年初，北芙蓉泉泉池于原址挖出。重见天日的北芙蓉泉今位于百花洲片区东北、江西会馆西门西侧，泉池长约 1.7 米，宽约 1 米，池中泉水澄澈，池西壁有暗渠通往西面（旧时此泉泉水汇入西面的王八池）。值得一提的是，在泉口青石上还赫然保留着 20 世纪 60 年代为其确定的泉号——"W76"（注：因迷失早，北芙蓉泉未列入 2005 年《济南市名泉名录》）。

六角泉

　　六角泉位于历下区万寿宫街中段路北某传统院落内，为 2021 年 3 月济南泉水普查时新发现的泉井。此泉原为无名泉，2021 年因其井栏形状被定名为"六角泉"。六角泉位于院子西南角，井口之上套着六边形青石井栏，远看像个大螺丝。由井栏往下望，可看出这是一口砖砌的老井，井壁上遍生青苔。井底水不深，但水质清澈。因原住民早已搬迁，仅能从外观上推测出这应该是原住户旧时为自用而打的水井。

六角泉　左庆摄

厚德泉

厚德泉原位于历下区后宰门街 97 号，今在百花洲东南岸。原为无名泉，2009 年被命名为"厚德泉"。泉池呈井形，池口为石砌，井壁为砖砌，直径 0.45 米，深 0.7 米。泉水出露形态为渗流，长年不竭，积水成井。"厚德"二字取自《周易》之《象传》，《象传》为孔子依据儒家义理为《易经》所作的诠释。其中，乾卦和坤卦的象辞分别为"天行健，君子以自强不息""地势坤，君子以厚德载物"。"厚德载物"是大地的品质，宽厚和顺、承载万物，正如《道德经》所阐述的水之"善利万物而不争"。厚德泉原在后宰门街 97 号，而后宰门原为明德王府北门，原名"厚载门"，取"厚德载物"之意。将此无名泉命名为"厚德"，刚好与原街名中的"厚载"二字契合。

2011 年，随着百花洲建设工程的推进，厚德泉由寻常百姓家中现身街边，游客从百花洲南岸走过便能一睹其真容。

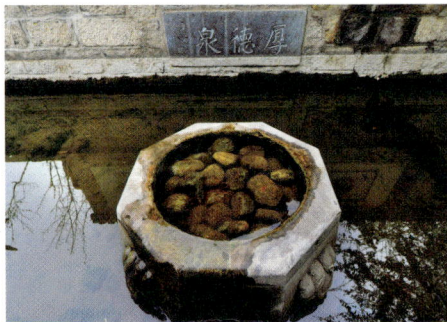

厚德泉　左庆摄

九华泉

　　九华泉原位于后宰门街2号院内。原为无名泉，方形井沿，井内水清可鉴，水质清冽。后宰门街2号为鲁菜名店九华楼的旧址，当年九华楼的餐饮用水正是取自院内无名泉。因为这个缘由，此泉被称为"九华泉"。

　　清光绪初年，济南府九华楼酒店生意格外红火，掌勺大师傅一改猪下货不上大席的传统，将猪大肠用全料煮熟焯过，后炸，再烧，出勺入锅，反复多次，烧煨至熟。端上餐桌后客人们赞不绝口，这道入口滑润，兼有酸、甜、香、辣、咸五味的菜肴，被席间一文人赠名为"九转大肠"，意为厨师技艺高超和制作此菜工序复杂，五味俱全。

　　2002～2003年片区拆迁前，伫立于县西巷与后宰门街交界口的九华楼仅剩下一座单楼，该建筑是原九华楼的北楼，砖石木结构，二层三间木阁，拱形门楼券门上方刻有遒劲楷书"九华楼"石匾。石匾两侧为圆形花棂窗。楼壁上还有精致砖雕石雕，楼梯设在室外，二层铺有木地板。1914年出版的《济南指南》一书中，记载了当时济南的15家中菜馆，其中便有后宰门街九华楼。关于九华楼于何时没落，有限的历史文本中并没有提供翔实的答案。1919年再版的《济南指南》一书中，记载的济南中菜馆还是15家，但后宰门街九华楼悄然变成了"东华楼"。估计九华楼于此间歇业，原址易主后更名为东华楼。

　　九华楼院内的无名泉，不见于历史文献记载。2003年春，九华楼实施拆迁时，济南有众多摄影爱好者闻讯前来拍照，用相机定格下了它最

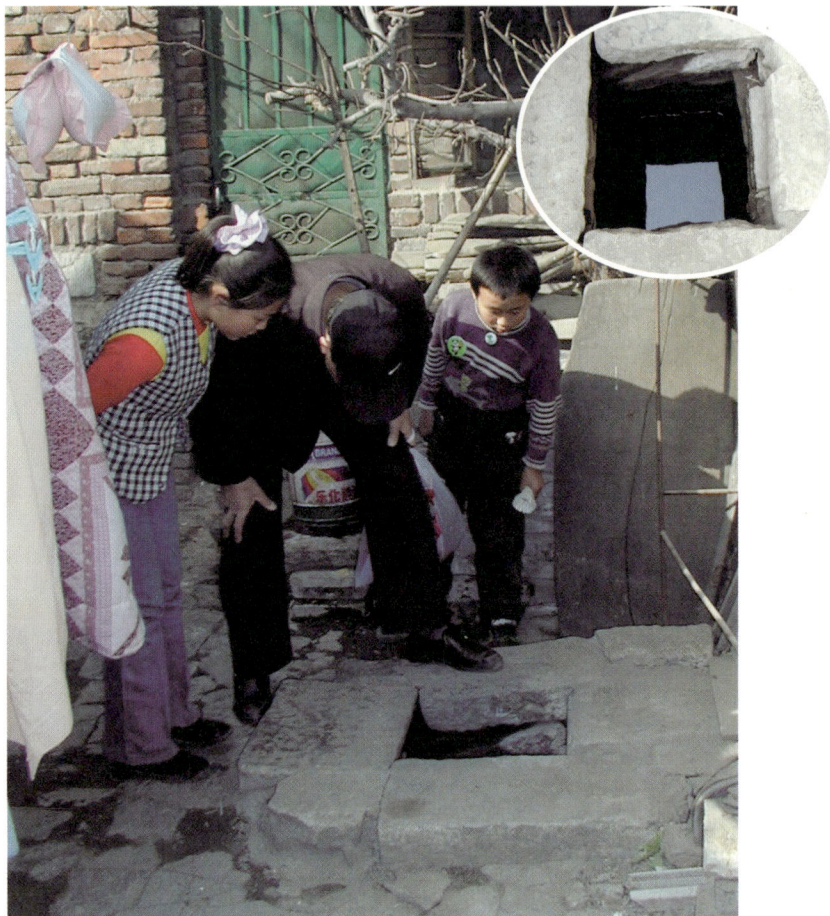

九华楼院内的九华泉　申胜利摄

后的影像。九华楼南侧不远处有一口小巧泉井，井内泉水充盈。因为它
位于九华楼院内，大家都雅称它为"九华泉"。伴随着县西巷的拓宽改造，
九华泉永远消失，其旧址当在今县西巷马路下面。

兴隆泉

兴隆泉位于历下区小兴隆街 13 号院内。泉池为圆口井形，井口直径 0.31 米。井壁为砖石混筑，下部为石砌，上部为砖砌。泉水出露形态为渗流，长年不竭，水质优良。

兴隆泉原为无名泉，是 2011 年 8 月济南泉水普查时新收录的泉点。2012 年 11 月，济南市名泉办出资，和历下区园林局共同修茸了泉池。2013 年济南市名泉办、民政局和济南市名泉研究会面向社会为 30 处无名泉征名，后报请济南市人民政府批准，将其命名为"兴隆泉"，命名缘由即此泉位于小兴隆街。

兴隆泉　陈明超摄

澄怀泉

澄怀泉位于历下区小兴隆街 22 号院内西屋前石榴树下，为 2021 年 3 月 13 日济南泉水普查时新发现的泉井。此泉原为无名泉，2021 年被定名为"澄怀泉"。泉井外围有仿古石雕井栏，里面是圆口石井，井水清澈鉴人，距离地面不足 1 米。

小兴隆街 22 号院近年来进行了院落美化，整个院内用青砖铺底、白灰刷墙，虬枝盘旋的石榴树与清凌凌的泉井互相映衬，倍显古色古香。正屋门口两侧的一副对联透露出房主的生活情调——"石榴花红映清泉闲赏珍珠一片，香椿凌霄望湖舟静观齐烟九点"。

澄怀泉　左庆摄

广庭泉

　　广庭泉位于历下区小兴隆街 20 号院后院，为 2021 年 3 月济南泉水普查时新发现的泉井。此泉原为无名泉，2021 年被定名为"广庭泉"。

　　小兴隆街 20 号院是一处少有人居住的深宅大院，由朝南的大门进入，穿过前院房屋间的通道，进入宽敞的后院。这个院子的正房是小瓦花脊、前出厦带走廊的传统样式，有西厢房，无东厢房。在东墙根，有一眼用石碾和石板遮挡的泉井。此井为砖石混筑，井下 1 米多就有泉水。因多年不用，水中落有树叶和石头。

广庭泉　左庆摄

院后泉·院北泉

院后泉和院北泉均位于历下区院后街。

院后泉位于院后街 9 号。原为无名泉，2009 年被命名为"院后泉"。泉池为石砌方形，边长 0.85 米，深 0.85 米。泉水出露形态为渗流，长年有水，积水成池。水质清澈甘冽，为附近居民生活用水。2011 年 8 月，济南市名泉保护部门对此泉进行了整修，在泉池北侧立有假山石碑刻。此泉所在的院后街 9 号院原为万家大院的前院。

院后泉　左庆摄

院北泉　左庆摄

　　万家大院的主人是万正甫，原籍河北，为前清举人，在北洋政府为官时建造了万家大院。当年，它是一座长约100米、宽约30米的三进院落，是附近街区规模最大的民宅，后来被人为分割，现跨院后街和后宰门街两条街。正门在院后街9号，后宰门街56号的大门为后门。当年的万家大院进门有花墙，西屋为二层阁楼，东屋为平房，还有南屋数间；北屋是正房，居中一间有通向后院的过道，最后是后花园。后花园原有假山，假山上有花草树木，还有一条小溪，自珍池街的鸭子湾向西注入曲水亭，十分秀美。

　　院北泉位于院后街16号院内。泉池为石砌圆井形，直径0.78米。泉水出露形态为渗流，长年不竭，积水成井，水质优良。旧时为居民日常生活用水。

同元井

同元井位于历下区珍池街 1 号院内。泉池呈井形，为水泥修筑，直径 0.6 米。泉水出露形态为渗流，长年不竭，水质优良。此泉原为无名泉。2013 年济南市名泉办、民政局和济南市名泉研究会面向社会为 30 处无名泉征名，后报请济南市人民政府批准，将其命名为"同元井"，是为了纪念附近的鲁菜名店同元楼饭庄。

同元楼饭庄，也叫"同元楼饭店"，由济南历城县董家镇吕家庄（现属历城区）的吕本礼兄弟四人于 1911 年创办。由于这一年是辛亥革命爆

珍池街 1 号院外观　左庆摄

同元井　左庆摄

发之年，所以定名为"同元楼"，寓意"同心开创新纪元"。同元楼饭庄由后宰门街40号院与42号院平行的两进四合院组成，东侧为住宅，西侧是店铺、厨房。饭庄为鲁菜饭馆，在20世纪二三十年代生意十分火爆。它当时不仅是后宰门街最大的饭店，在济南餐饮业中也首屈一指，擅长烹饪糖醋鲤鱼、荷花粉蒸肉、罐儿蹄等当时流行大菜，还有蒲菜猪肉灌汤包、金丝卷、银丝卷等各色面食。1950年，同元楼饭庄歇业，饭庄建筑后成为民居。2013年12月，后宰门街同元楼饭店及后宅传统民居被济南市人民政府列为第四批市级文物保护单位。

珍池·王庙池

　　珍池位于历下区珍池街中段路旁,因珍珠泉泉水经玉带河流入池内,故得名。泉水出露形态为渗流。旧时,池内多鱼虾,常有鸭子来此戏水捕食,故俗称"鸭子湾"。后因建珍珠泉宿舍,玉带河被截流,珍池失去了重要水源补给,水质变差。1982年重修珍池,池周以青石砌垒。1993年被填埋。1998年得以修复,池周砌石栏,植绿篱。今池为石砌扇形,长21.42米,宽6.28米,深1.5米。池水向北经暗渠流向百花洲,注入大明湖。

　　王庙池位于珍池南邻、西墙根下。泉水出露形态为渗流,盛水期为涌状,因西侧有清同治年间修建的僧王庙而得名。1998年进行了抢救性

珍池　左庆摄

修复。今池为石砌长方形，长 2.15 米，宽 1.52 米。池西墙壁上嵌有泉名石刻。王庙池之水甘甜清澈，曾是周围居民重要的生活水源。

王庙池　左庆摄

珍池和王庙池附近旧时曾有僧王庙，又称"僧王祠""忠亲王庙"，祀僧格林沁。僧格林沁为蒙古族博尔济吉特氏，是晚清著名将领，曾率部击溃太平军，擒林凤祥、李开芳，封亲王，在第二次大沽口之战中击败英法联军，后又率部与捻军作战。同治四年（1865）被捻军诱至山东曹州（今山东菏泽）高楼寨，后陷入重围被捻军斩杀。僧格林沁死后，清廷在他曾经征战过的山东、河南等地，以及北京、盛京（今辽宁沈阳）建了专祠。济南的僧王祠在院后街东首，祠堂西面是奉直八旗会馆，内设奉直八旗学校。1914 年出版的《济南指南》载："忠亲王祠，鸭子湾街路北，内有大殿三楹，祀前清忠亲王僧格林沁……于同治四年，奉敕建立，系属公产，前后两院。现设奉直八旗男女初等小学校。"奉直八旗会馆后改建为省级机关宿舍。

步月泉（鉴泉）

步月泉，原名"鉴泉"，位于历下区县马园子街9号，今珍池街珍池东约15米处。此泉不见明清及民国文献记载，20世纪60年代前期，山东省地质局水文地质工作者在对济南泉水标号时，收录县马园子街鉴泉，编号为W77。20世纪90年代，县马园子街一带拆迁改造时，鉴泉被填埋。1997年版《济南市志》载："鉴泉，在县马园子街9号。已填埋，

20世纪60年代的鉴泉（步月泉）　雍坚藏片

旁有泉名石刻。”

　　鉴泉原为济南知名教育家张印千家中之泉。1912 年，由 “济西道丁观察及热心女学教育诸人”捐资设立的济南竞进女子学校于县西巷创设，蓬莱人连索兰卿为首任校长，聘请各地名师来校任教。1917 年，济南竞进女子学校改称山东省立竞进女子高等小学校。1922 年，张印千曾任校长。张印千，号步月，诸城人。据 2017 年版《济南城记》记载，1938 年，张家因战乱离开济南，漂泊海外的他念念不忘济南老宅中的那眼泉。临终前，嘱托儿女们，一旦能回济南定居，一定要保护好那眼泉。县西巷拆迁改造中，张家后人获得了一笔拆迁补偿，他们拿出 1 万元委托济南市名泉办，用于修复鉴泉。2005 年，为与南门古鉴泉相区别，鉴泉改名为 “步月泉”，并被列入《济南市名泉名录》，登记名称为 “步月泉（鉴泉）”。据了解，步月泉至今尚未恢复。

中央泉

中央泉原位于历下区县西巷 2 号院内东厢房北山墙下。泉池为圆井形，井口外为圆形青石井栏，高约尺许。井内泉水清澈，距地面约 1 米距离，弯腰放下水桶即可取水。

中央泉之名，不知源出何意。中央泉南侧，为 2 号院东厢房的北山墙，墙体内镶嵌着中央泉碑，碑面右镌"中央泉"三字。左署中央泉创修始末："泉名中央，载在县志，乃古迹也。宣统三年岁次辛亥春三月吉日，本宅主人舒卿氏黄士泰立并书。"查明、清《历城县志》，并未有对中央泉的相关记载，可见碑文所载"载在县志"说并不属实。民国时期刊印的《续修历城县志》《历城县乡土调查录》《济南山水古迹纪略》等书中，亦未有中央泉的记载。

1956 年山东省建筑设计研究院勘察室手绘的《济南泉的分布图》中，

2022 年，中央泉　申胜利摄

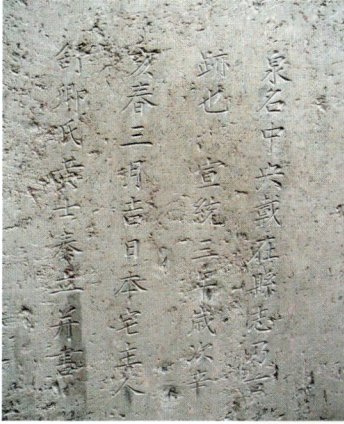

中央泉碑文　郭建政摄

中央泉碑原砌于中央泉旁山墙内　郭建政摄

始见标注"中央泉"。1963 年《济南市泉水系统一览表》中，记载此泉泉址为"县西巷二号院内"。1965 年山东省地质局水文地质观测总站所编《济南泉水》中记载此泉的出流情况为"井"，利用情况为"饮用"，未载此泉的最大、最小流量。2002 ~ 2003 年县西巷拓宽改造拆迁时，位于县西巷 2 号院内的中央泉被填埋，泉碑据说被一位原房主撬下后带走。2005 年，《济南市名泉保护条例》附件一《济南市名泉名录》以"无名泉"身份将中央泉收录。2009 年底，县西巷 2 号院的绣楼尚未拆除，参照绣楼所处位置，当时原中央泉位置已变为钢筋混凝土浇筑的工地，不具备原址恢复条件。此后不久，绣楼亦被拆除。

县西巷四泉

县西巷 33 号南院、40 号、61 号、63 号原来各有无名泉一眼。2005 年，《济南市名泉保护条例》附件一《济南市名泉名录》以"无名泉"身份将它们收录。在《济南市名泉名录》公布前，此四泉因县西巷拓宽改造而迷失。

据《生活日报》2002 年 12 月 4 日《老巷翻新得失几何》一文报道，县西巷 40 号的院中泉井被附近街坊亲切地称为"尺子泉"，是颇有名气的地下水位"监测仪"，只要该泉水面涨到井壁上的特定青砖位置，济南四大泉群就到了全部喷涌的时间。2002 年 11 月底，正准备搬迁的该院住户杨大爷不无忧虑地说："我将在泉池中养了 8 年的大黑鱼送到五龙潭放了生。这么好的泉，政府如能保存下来，将来在此开个茶馆肯定火。"

2002 年，县西巷 40 号的"尺子泉"　　郭建政摄

永安泉

　　永安泉位于历下区县西巷商业街北首、泉乐坊 163 号北。泉池呈长方形，为水泥砌筑，长 12 米，宽 9.6 米，深 0.77 米。泉水清澈，长年不竭。

　　在 2002 ~ 2003 年县西巷拓宽改造前，此泉位于县西巷 33 号居民院墙边，外观为井形，井下 1 米左右即为清澈泉水，水质甘冽，曾是附近居民生活用水。当地居民称其为"永安泉"或"永山泉"，命名原因不详。2005 年，《济南市名泉保护条例》附件一《济南市名泉名录》收录此泉时，它为无名泉。

永安泉　左庆摄

县西泉

　　县西泉位于历下区县西巷路边，在泉乐坊商业街前、维景大酒店马路正对面。2011年8月济南泉水普查时收录了此泉。此泉原为无名泉，2021年被定名为"县西泉"。泉池为县西巷拓宽改造时所修，为石砌方形，边长2米，深1.22米。池口为圆形石雕，池周有石栏护围。泉水出露形态为渗流，长年不竭。

县西泉今貌　左庆摄

县东泉

县东泉位于历下区县东巷 79 号，原为无名泉。井栏为圆形，井口边长 0.55 米，井深 2.24 米，长年不竭。

2009 年，济南市名泉办、民政局联合媒体发起"寻访无名泉，为无名泉征名"活动，因其所处街巷为县东巷，故将此泉命名为"县东泉"。

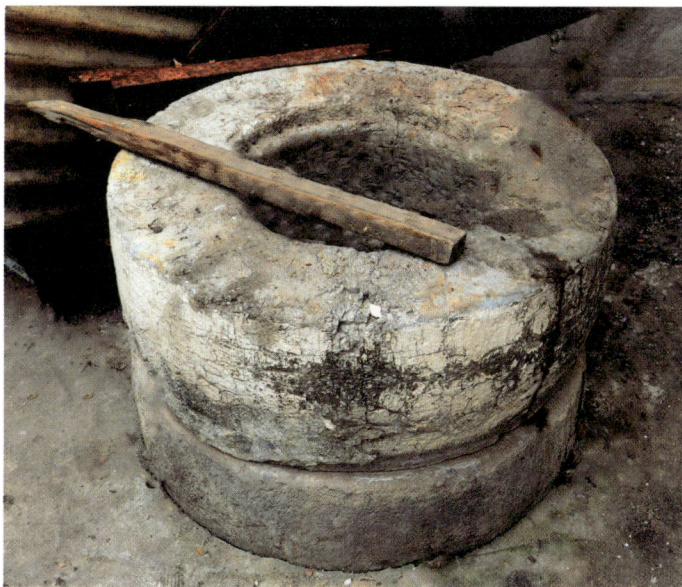

县东泉　左庆摄

罗姑泉

罗姑泉原位于县东巷中段路东，县东巷 150 号、154 号之间，又名罗姑井，为济南七十二名泉家族中的三朝元老。金《名泉碑》、明《七十二泉诗》、清《七十二泉记》均有著录。

元于钦《齐乘》在转载金《名泉碑》时，称罗姑泉位于"塌行街东（崇祯《历城县志》'卷十一·古迹志'记载：'塌行街，县东'）"。该书在记述秦叔宝、罗士信时，称"并历城人，济南府城中有罗姑井，相传士信故宅"。罗士信是新、旧《唐书》中专门立传的唐代名将，他与秦琼都是历城人，最初都是隋将张须陀的部将，二人降唐后分别获封剡

20 世纪 60 年代的罗姑泉　雍坚藏片

国公和翼国公。罗士信随秦王李世民征讨刘黑闼时，在洺水之战被刘黑闼杀害，死时年仅20岁（一作28岁）。相传罗士信的姐姐，独居于井（泉）边，抗暴而死，故此井（泉）得名"罗姑井（泉）"。明晏璧《七十二泉诗》中《罗姑泉》诗曰："阿姑遗迹渺烟萝，赢得流泉尚姓罗。陵谷变迁无限感，至今于越慕曹娥。"明王象春在《齐音》中亦有《罗姑泉》诗："忆酌天源涤我肠，至今肌骨沁余凉。罗姑只是家边水，何事牵余云路长。"明崇祯《历城县志》记载："罗姑井，即罗姑泉。一方井水皆苦，惟此独甘。井上有亭，今废圮。"

值得一提的是，清王初桐《济南竹枝词》中有"郎心自爱罗姑井，妾意终怜瞽女池"之诗句，罗姑井和瞽女池本是泉名对仗的两泉，但后人在理解时误以为瞽女池为罗姑井之别称。瞽女池别为一泉，崇祯《历城县志》有记载，清王钟霖在《历下七十二泉考》中改称为"宜男泉"。

1964年版《山东名胜古迹·济南》一书称，罗姑井也叫"曹家井"。1986年《济南市园林志资料汇编》称："宅归姓曹的居住，所以后来也叫曹家井。"据考，罗姑井又名曹家井之说，明清至民国文献并无记载，此说可能源自对晏璧《罗姑泉》诗的误解，该诗有"至今于越慕曹娥"之句，本是将古代孝女曹娥拿来比喻罗姑。

1965年山东省地质局水文地质观测总站所编《济南泉水》记载，罗姑井位于"县东巷150与154号间"，出流情况为"井"，利用情况为"饮用"，未载此泉的最大、最小流量。1982年《山东省济南市地名志（征求意见稿）》记载：罗姑泉"位于历下区西北部县东巷中段路东，泉呈圆井形，水质甘冽，1965年填埋，遗址处现为街道代营店，井口可辨认"。1986年《济南市园林志资料汇编》记载："1965年填埋，井口尚可辨认，现有一家三代店于泉口砌上锅灶。"1997年版《济南市志》记载："1995年建楼，被覆于楼体北墙外侧。"

玉德泉

玉德泉原位于历下区城根街36号门口，约在20世纪90年代被填埋。此泉不见民国前文献记载，泉名可能为20世纪五六十年代才有。

1965年山东省地质局水文地质观测总站所编《济南泉水》记载，玉德泉位于"原城根街36号门门口"，出流状况是"量小平稳"，最小流量1升/秒，最大流量2升/秒。1988年《济南水利志资料长编》所附《济南市泉水分布图》中，标有"玉德泉"，其位置在黑虎泉西路与天地坛街交界口西侧。1997年《济南市志》记载，玉德泉"已填埋"。

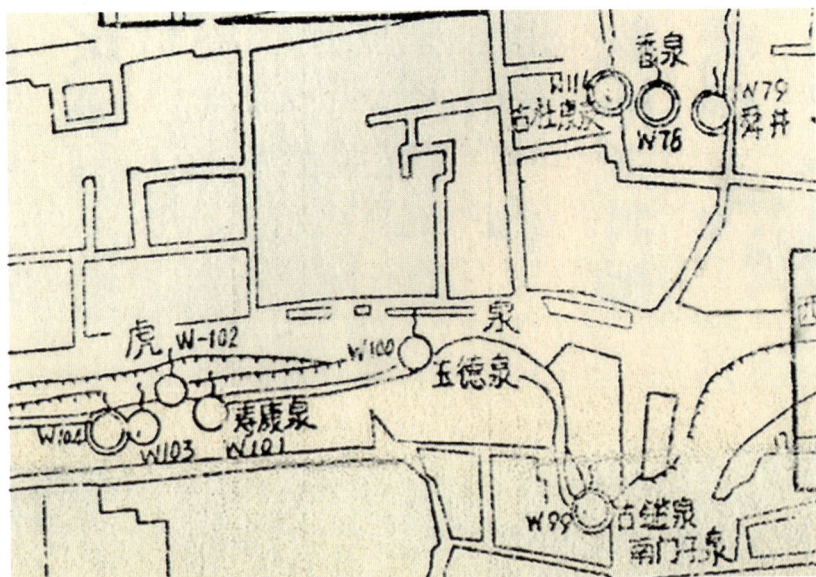

1988年《济南市泉水分布图》中标有"玉德泉"

感应井泉

感应井泉位于大明湖北岸、北极阁东侧。明嘉靖《山东通志》载："感应井，在府城内北极台下。"清康熙《济南府志》载："城北面滨湖，水味多咸，此井独甘。"泉旁有济南人邹袭撰写的《感应井泉记》碑刻，立于明正德九年（1514）。后泉井湮没，石碑亦被埋。1999年在原址修复并建泉池，原埋碑刻也被挖出立于池旁。泉池为石砌井形，直径1.2米。泉水形态改造为喷泉形式，泉池中立一大型铜钱，铜钱方孔中悬铁钟一口。游人可在池外用硬币投向铁钟，投中即感应喷水。

感应井泉　左庆摄

　　据《感应井泉记》载，此泉出现于明正德年间。当时德王府修缮北极庙，因附近的水苦涩难饮，工匠需到一二里外的罗姑井、玉环泉汲水，不胜其劳。负责修缮工程的德王府承奉白闻宇默默祷告，祈能解决取水之难。一日夜间，白闻宇梦见一异物指示泉水的地点。第二天一早，他便命人在所示之处挖掘，果然得一甘泉，遂命此泉为"感应井泉"，并在泉上建一亭，勒石以示纪念。

大方池

    大方池原位于大明湖历下亭中，此泉最早见于明代文献，得名缘由不详。

    明崇祯《历城县志》记载："大方池，大明湖内。"清道光《济南府志》亦著录此泉，称"大方池，在大明湖内"。晚清济南文人王钟霖在《历下七十二泉考》中以"大方泉"之名将其著录，称："一曰'大方池'，在明湖历下亭间。湖纳众水，夏霖弗溢。相传此水深漏，又名'漏泉'，一名'海藏'。"此泉未见民国文献记载，湮没时间不详。

清末，湖光倒映中的历下亭

171

沧浪泉·秋柳泉

　　沧浪泉和秋柳泉俱是被晚清济南文人王钟霖《历下七十二泉考》所著录的大明湖边之泉。

　　据《历下七十二泉考》，沧浪泉"在西门内迤北，一名小沧浪，近铁公祠。刘文佑文学有诗。傍泉多养金银五色鱼为业，鱼种颇多，以龙眼、凤尾、虎头、狮子、鸭蛋为上。有蓝色、玳瑁色者，购自莱阳；有银晶者，其体透明。志未载。"

清末，由大明湖小沧浪亭一带远眺千佛山　［德］柏石曼摄

172

大明湖东南岸的秋柳园　王琴摄

今大明湖铁公祠、沧浪亭附近，旧有湖民居住。

《历下七十二泉考》记载，秋柳泉"在学使署东北。志言，北齐博陵君房家园池。王阮亭先生顺治丁酉于此间咏秋柳，起诗社，名'秋柳园'。《秋柳》四首为明吴邸老宫人而作，当时和满大江南北。今园池犹在，拟名'秋柳泉'，以补志所未及而志景行"。据此可知，秋柳泉之名，乃王钟霖所起。该片区于 2009 年被辟为大明湖新区，湖边新辟秋柳泉景点。

2024 年，大明湖北岸土著居民赵可正先生（时年 84 岁）回忆说，20 世纪 40 年代，湖北岸北城根街、铁公祠街一带没有泉水井。虽然掘地能出水，但那是渗水，无法饮用。当时居民以湖水为饮用水源，逢年过节开船去历下亭前取水，那里的水是城内泉水流过去的，水质干净。

会波泉

　　会波泉，又名汇波泉、汇泉，原位于历下区大明湖东南隅清凉岛上。清凉岛即今大明湖兰岛。此岛原为半岛，东与湖岸汇泉寺街相连。过去，城内众泉水多从清凉岛附近汇入大明湖，此泉被称为"会波泉（汇波泉）"或源于此。岛上有寺，因泉取名"汇泉寺"。每逢盛夏，远近文士多来这里乘凉。会波泉（汇波泉）北面，有济南北水门上的会波楼（又称"汇波楼"）遥与相对。是泉因楼名，还是楼因泉名，不详。

　　明崇祯《历乘》"卷三·舆地考"中未载此泉，但作者刘敕在"卷十九·诗"中载有自作的《会波泉》一诗，诗曰："湖光一望水涟漪，最喜夕阳西下时。人物几更天地老，滔滔千古自如斯。"时任历城知县张鹤鸣，与刘敕（号五云）一起游览大明湖时，曾作《同刘五云游湖十绝》，其中一首诗曰："我是湖山吏隐身，年来最与白鸥亲。汇波泉上夕阳里，紫翠玲珑透鸭茵。"此"汇波泉"，当与刘敕所说的"会波泉"为同一泉。值得一提的是，略晚于《历乘》成书的崇祯《历城县志》虽然在"卷二·封域志"中未载"会波泉"，但"卷一·图"所载的《济南城图》中，济南城内共标有两泉，一处是"孝感泉"，另一处便是"会波泉"。

　　晚清济南文人王钟霖在《历下七十二泉考》中，将会波泉（汇波泉）记为"汇泉"，称"在北极台南汇泉寺。间当杨柳落叶，芦荻初芽，南山远印水中，历下八景所谓'佛山倒影'也"。

　　当代文献中，未见关于会波泉（汇波泉）的详细记载，此泉何时迷失，不详。

1990年《历下区房地产志》记载，汇泉寺亦名汇泉堂，"始建于明嘉靖十二年（1533），清嘉庆五年（1800）重修"。2013年《济南泉水志》记载："（汇波泉）泉池在明嘉靖三十年（1551）曾重修并立有碑记。泉现已湮没。"

玉露泉

　　玉露泉原位于清山东学署院内，当代为历下区大明湖路 197 号（一说为"大明湖路 179 号"）。

　　今藏闵子迁墓园的《玉露泉碑》为清光绪末年山东学政尹铭绶撰文，碑文记载："光绪辛丑，□四照楼东辟一方池，深三尺而泉出，味甘如醴。"也就是说，玉露泉的诞生时间为光绪辛丑年（1901）。尹铭绶为清光绪二十年（1894）殿试一甲第二名进士（榜眼），授翰林院编修，累官至内阁大学士。

　　1914 年《济南指南》记载："玉露泉在旧学院署内"。1933 年罗正纬著《东西南北集》记载："阮文达督学山左，衡文于四照楼。楼前手植海棠二株，题曰'海棠沜'。后数十年尹铭绶典当于此，复凿清泉，题曰'玉露泉'。辛亥改建，废学署为财政厅。遗迹宛在，殊可记也。"但同年 5 月 28 日《申报》所刊登的《鲁建厅疏浚济南名泉》一文称："玉露泉，财政厅四照楼北河畔，墙上嵌一石碑，载有玉露泉之名。此泉，一四方池，在四照楼东，现已无遗迹可寻。"

　　1956 年山东省建筑设计研究院勘察室手绘《济南市泉的分布图》和1959 年《济南地理》所附《济南泉水分布图》上，均标注有"玉露泉"。1963 年山东省地质局八〇一队一分队所编《济南市泉水系统一览表》上，将玉露泉位置记为"学院街山东机械工业厅小渠中"。1965 年山东省地质局水文地质观测总站所编《济南泉水》记载，玉露泉位于"山东机械

厅院内"，出流情况为"静水上溢"。1986 年 10 月山东省地图出版社
出版的《济南泉水（图）》中，标有"玉露泉"。同年，尹君先生在《济
南名泉考》一文中称："玉露泉，大明湖路中段路北 179 号钟楼寺院内（省
房管公司），尚存'玉露泉'石碑，倒卧于小河边。"1997 年《济南市志》
记载："玉露泉在大明湖路 197 号。泉池长 6.2 米，宽 4 米，深 1.2 米，
为碎石砌成。水向东流，泉边有'玉露泉'石碑一方。后被填埋，碑亦
失没。"

综合上述记载可推测，玉露泉泉池或在 20 世纪 30 年代已经拆除，
此后泉水出露于水渠之中。约在 1990 年前，此泉迷失。另据调查，玉露
泉碑并未失没，原石被移藏于闵子骞墓园，碑文字迹部分已漫漶不清。

司家井

　　司家井原在大明湖路 235 号司家院内，2009 年大明湖风景区扩建时保留为景区院落泉点。泉池呈圆井形，石砌，直径 0.43 米。泉水出露形态为渗流，长年不竭，积水成井，水质清澈。

　　司家井位于原司姓居民的院中，司姓一族在此居住已有几百年历史。司家井刻石上有"清顺治以来司家井庄村民借此饮用为生"的题记。据司氏后人称，清顺治年间，因从商而兴盛的司氏家族建司家井。乾隆帝南巡时，曾两次登临司家码头并亲临司家大院，从此司家码头、司家大院名声大振。当时，司家码头的正门上赫然写下了"大清门外朝天客，下马先听第一声"的楹联。另据《司家码头》刻石记载：司家码头原为

司家井　左庆摄

大明湖南岸主要码头，当年十分繁华，乾隆皇帝游湖即由此登船，《泛舟湖滨》御诗碑原在此处，后移至历下亭，清王钟霖诗谓"桃源差可拟，乐境小乾坤"。胡适先生等亦有作品述及此泉。

扇面泉

　　扇面泉位于大明湖南侧、原山东省图书馆院内东侧，因泉池呈扇形而得名，又称"扇面池"。泉池为石砌，长4.6米，宽3.6米。泉水出露形态为渗流，长年不竭，积水成池。2009年扩建大明湖时，一度被掩埋，后在原址得以修复。水源不旺，水质明显不如市区其他泉池。

　　扇面泉原位于山东省图书馆内。1933年《山东省立图书馆概况》载有："引水地下行，就中凿池，作半月形。"这个半月形泉池应该就是扇面泉，其水源最初以引来的客水为主。山东省图书馆的前身为山东省立图书馆，

扇面泉　左庆摄

位于大明湖南岸，为清宣统元年（1909）山东提学使罗正钧创办，落成于1909年12月，建筑布局仿照浙江宁波的藏书楼天一阁，当时被称为"遐园"，主要建筑包括海岳楼、宏雅阁等。可惜部分建筑毁于1928年的日军炮火。后来在原址上建奎虚书藏。1945年12月27日，抗日战争胜利后，山东战区受降仪式设在奎虚书藏一楼大厅。奎虚书藏一度成为第十一战区司令部大礼堂。战区副司令李延年代表总司令何应钦接受日军投降，他手书的"我武维扬"匾额，今天仍存放在一楼大厅。

舜井

舜井位于历下区舜井街中段西侧，别名"舜泉"。金《名泉碑》、明《七十二泉诗》、清《七十二泉记》均有收录，当代名列新评济南七十二名泉，以舜掘井出泉的传说而得名。曾被填埋，1985 年得以修复，并建舜园。后因街区改建，将舜园拆除，仅存圆形井池和迎祥宫碑。泉池呈井形，直径 1.56 米，深 2.8 米，石井壁上置有块石雕凿的圆口，池周饰有石栏。井内垂有铁链，寓意为"舜井锁蛟"。2015 年，济南市名泉办、历下区政府组织修建舜井广场，将元代迎祥宫碑迁移至舜井西侧。

舜井　左庆摄

舜井 左庆摄

　　舜井最早记载于北魏郦道元《水经注》："（历）城南对山，山上有舜祠，山下有大穴，谓之舜井。"此舜祠、舜井是否为宋代以后的舜祠、舜井，目前无确切资料可考。但可以确定的是，历山、舜祠并非今千佛山及其舜祠。因千佛山上舜祠为清代始建，千佛山下也无可以"泉源竞发"的"历祀下泉"。《水经注》中的历山应为紧邻历城南的古历山。到了唐代，封演的《封氏闻见记》中也提及了历山和舜井，"齐州城东有孤石，平地耸出，俗谓之历山。以北有泉，号舜井"，这里说的是"齐州城东"，而非历城东。在宋代以前，齐州城（济南郡城）和历城县城是两座不同的城。由于目前我们对唐代齐州城的东界位于何处还不清楚，所以也不能确定唐代的舜井是否为今天的舜井。苏辙《舜泉诗并序》中称"城南舜祠有二泉"，此处的城南为齐州城南（古时指城外的城南）。在宋初，齐州城和历城古城为两座城。宋《太平寰宇记》称"四望湖，在县西二百余步，

183

其水分流入县城，至街中，与孝感水合流，入州城"。宋代，四望湖（今
五龙潭）的水分流入历城县城，与孝感水（今三联大厦附近）合流，向
北流入（齐）州城。由此可知，齐州城在历城古城之北。此时舜泉为二泉，
另一泉可能是后来的香泉（苏辙诗中有"发地春雷夜有声"，与后世文
献中描述的香泉相仿）。自此以后，舜井依附于舜祠，其位置被固定下来，
一直到今天都没有改变。宋代欧阳修到济南时曾题诗《留题齐州舜泉》，
并刻石在舜泉旁，金代元好问、元代张之翰和明代晏璧的诗文中都提到
过这块碑刻。明代以后，碑刻佚失，但舜泉和舜祠的位置一直未变。因

舜井旁的迎祥宫碑　左庆摄

此，今舜井即为宋代时的舜泉。只不过宋代的舜泉为二泉，不仅指舜井，还包括西面的香泉。

金元时期，舜泉仍为二泉。元好问《舜泉，效远祖道州府君体》诗中有"至今历下城，有此东西泉。丧乱二十载，祠宇为灰烟。两泉废不治，渐著瓦砾填"之句。到了金代，舜泉、香泉、杜康泉同列于《名泉碑》。明代，舜井成为南北二井的连环井，名"源源"，后来北井被划入公府（应为德王府的长史府）内，舜井后成为单井。

清代的舜泉为井形，香泉为方池，泉旁立有"神在"碑。明崇祯《历乘》称"神在"为唐人郭恕所书（实为五代至北宋时期的郭忠恕），为镇香泉之洪水；而清乾隆《历城县志》中称碑在舜井前，为宋元丰二年（1079）王临模刻。舜泉曾在1965年被填埋，但遗址可辨。1985年，在原址修复舜井。2015年，建舜井广场，舜井池周饰有汉白玉石栏，井口周围和石栏上镌刻了舜帝、舜井介绍及唐宋诗文。

香泉

　　香泉原位于历下区舜庙西庑下，被金《名泉碑》、明《七十二泉诗》所著录。元于钦《齐乘》在转载金《名泉碑》时，称香泉位于"舜泉西"，而舜泉位于"舜祠下"。明晏璧《七十二泉诗》中的《香泉》曰："虞帝祠前春草芳，石池漾漾碧泉香。源头活水恩波远，万顷坡田摆柳黄。"

　　香泉是一眼颇具传奇色彩的济南历史名泉。明崇祯《历乘》称："在舜祠西庑下，其水六十年一发，发则沿街绕砌，流入明湖，数月方休。"又称："舜祠香泉每爆发，居民甚恐，恕书'神在'二字镇之，碑尚存。"崇祯《历城县志》则记载："舜祠西庑下，其水六十年一发，发则奔溢满城，道生鱼鳖，万历丁未一见。"

　　北魏郦道元《水经注》记载，历祠下泉源竞发，为历水之源。宋代舜祠所处之地或为《水经注》中的历祠旧址。由苏辙《舜泉诗并序》等文献记载约略可知，城南舜祠原来有两泉，统称舜泉（井），香泉之名当时尚未出现，为舜泉之一。金元好问《舜泉，效远祖道州府君体》诗中有"至今历城下，有此东西泉"之句，亦可旁证此事。

　　香泉与舜泉（井）的混称，延续至民国及当代。1941年《济南名胜古迹辑略》记载："舜泉，在南门里舜井街，一名舜井。今设国医专科学校并慈善医院。内有方井一，相传以神术制伏一蛟，井前树一石碑，书'龙虎护法'四字，旁刻细字数行，年远漫灭，不可辨识。供一木牌'圣井龙泉通海渊脉之神'"。此舜井当指香泉。1963年《济南市泉水系统

20 世纪 60 年代的香泉　雍坚藏片

一览表》中，分别列有舜泉和舜井泉，其中，舜泉位于"舜井街 44 号西、岳庙后小学校内"，据其泉址当指香泉。1965 年山东省地质局水文地质观测总站所编《济南泉水》记载，香泉位于"舜井街岳（舜）庙后小学校内"，出流情况为"泉池水面高出马路，潜流入下水道"，最小流量为 20 升 / 秒。从 20 世纪 60 年代拍摄的香泉照片看，此泉约在 20 世纪五六十年代由井改为池。

1982 年《山东省济南市地名志（征求意见稿）》记载："香泉亦名舜池，位于历下区西部，舜井街路西古舜庙院内，今济南六十五中学校院之西南隅。泉为池形，长 19 米，宽 17 米，深 3 米。池中赑屃和石碑于 1976 年六十五中学建校时埋于地下。"1986 年《济南市园林志资料汇编》记载："舜井西有香泉，又名舜池，为济南七十二名泉中第二十九泉，在舜祠西庑下（现六十五中院内，教学楼西南角下，现已填埋）。"

187

杜康泉

杜康泉原位于历下区刷律巷59号院内，为济南七十二名泉家族中的"三朝元老"，金《名泉碑》、明《七十二泉诗》、清《七十二泉记》均有著录。泉池呈圆井形，砖石砌垒，直径1米，深4米余。常年不涸，水质甘美，居民汲之烹茶为饮。相传杜康以此泉水酿酒，故名。因花墙子街北煮糠泉被讹称为"杜康泉"（乾隆《历城县志》载"趵突泉西北有泉亦名杜康"），为了区别两者，也有人将此泉称为"古杜康泉"。

传世文献中，金代文学家元好问在《济南行记》中最早提及杜康泉："杜康泉今湮没，土人能指其处。泉在舜祠西庑下，云杜康曾以此泉酿酒。有取江中泠水（指镇江中泠泉）与之较者，江中泠每升重二十四铢，此泉减中泠一铢，以之瀹茗，不减陆羽所第诸水云。"这段话所记载的杜康泉的传说和特质，多被后世方志所引述。不过，关于其泉址，后世文献则与《济南行记》有所不同。元于钦《齐乘》在转载金《名泉碑》时，称杜康泉泉址在"南舜庙"。明崇祯《历城县志》称杜康泉在"舜庙西小巷内"，该书还记载，舜庙西面的小巷为"杜康泉巷"，巷名当源自杜康泉。清代，此巷改成"刷律巷"，但巷内杜康泉名称如故。

明晏璧《七十二泉诗》中的《杜康泉》曰："甘泉一脉舜祠下，此地千年说杜君。不是重华常嗜酒，几厄聊借解南薰。"清郝植恭《七十二泉记》记载："曰'杜康'，世传杜康尝以此酿酒。"

杜康泉泉址处原为舜庙西侧的娥英庙，此庙荒废后，变为民居。

20 世纪 60 年代的杜康泉　雍坚藏片

1965 年《济南一瞥》记载，古杜康泉位于"南北刷律巷 9 号内"，出流情况是"人工改造为井"。1982 年《山东省济南市地名志（征求意见稿）》记载："位于历下区中西部刷律巷 57 号北院内，泉池呈圆形，常年不涸，水质甘洌，为居民饮用。"1986 年《济南市园林志资料汇编》称："在原舜庙西娥英庙处，即现在的刷律巷 59 号院内，圆井形，砖石垒砌，直径 1 米，深 4.2 米，水势尚好，常年不涸，居民即用此水洗涤，水质甘美。"1997 年版《济南市志》记载："1993 年刷律巷拆除，建设新大新商厦，该泉被填埋在大厦东侧。"

历山泉

晚清济南文人王钟霖《历下七十二泉考》所著录的历山泉，"在南门内迤东、历山顶街南，俗名'两山夹一井'，历山在街下。所云'三山不显'，历山、铁牛山、灰山也。泉为历水，近东南城城址皆石根，泉从石根通城外白石泉。志未载"。

历山泉所在的三曲巷，旧称"两山夹一井" 雍坚摄

190

光绪己丑年（1889）《省城街巷全图》、1924 年《济南城厢图》等地图上，都标有一个特别的街巷名——"两山夹一井"。1929 年济南市设市后规范街巷村庄地名，此街巷因"名称不雅驯"而改称"三曲巷"。2003 年 3 月《生活日报》所刊《曲径通幽三曲巷》一文记载："三曲巷曾包含着老济南的一个别样景致——'两山夹一井'。该典故指的不是两座山之间夹着一口井，而是在三曲巷的两个房屋山墙当中夹着一口老井。据宽厚所街原居委会主任谢树珍老人说，几十年前，三曲巷还有那眼井，水质特别好，周围街坊都到那里打水吃。后来因发生小孩不慎落井和某妇女跳井寻短见，该井遂被填埋。宽厚所街 16 号 58 岁的居民魏津生回忆说，该井原位于三曲巷南端。"

墙中泉·楼下泉·屋内泉

今天的宽厚里商业街区，在拆迁前为解放阁片区。不少民居院落中保存着长年不涸泉井，是老济南"家家泉水，户户垂杨"风貌的真实注脚。虽然在片区改造中这些泉井悉数湮失，但它们穿透百年岁月而顽强存续的历史，不应被世人遗忘，个中体现出的人泉相依关系尤值得研究。

2003 年，北斗巷中的墙中泉　王晓明摄

2003年，小王府街42号院中的楼下泉　雍坚摄

　　墙中泉原位于历下区蕃安巷12号西墙中，1980年前，此院落所在街巷称"北斗巷"。1929年前，北斗巷名为"勺子头巷"。小院规格不高，却很有历史。"我家在北斗巷已住了90多年，院中这棵石榴树已种了80多年。"2003年，75岁的刘佩森老人介绍说，北斗巷唯一的一眼井就在他家，此井在他家搬来前就已经存在，修墙时特意去掉一条砖，把井口闪了出来，因此它看起来像是"藏"在墙夹缝里。井口直径约0.4米，里面泉水清澈，从未干过，旱季水面距地表约4米，雨季井水距地表只有1米。

　　楼下泉原位于小王府街42号，此院没有北屋，南屋为平房，东西两厢各有一座二开间二层青砖小楼，在两楼"夹挤"中，小院天井显得

2003年，宽厚所街 35 号院中的屋内泉　王晓明摄

只有巴掌大小。"这里当年是马家大院的一部分，我是 1959 年买下来的。" 2003 年，82 岁的房主杨荣臣老人说，这个宅子大概有百十年历史，设计很精致，西楼二层南墙开有小门，门外有个小阳台，从那里经南屋房顶上的通道，可到达东楼二层的南门。更为精致的是，东楼西北角楼基下还留了一眼只露出一半井口的水井，水深 6 米多，丰水时水面距地面 2 米。为了取水方便，井口外装上了压水井。"当初肯定是先有井，没舍得填，才半压着井口起的楼。马家原来是开染坊的，这眼泉井当年曾给染坊供水，因此打得深，水量很充足。"

屋内泉原位于宽厚所街 35 号东小院的屋内。这个院落和周围几个院落建筑风格一致，过去共同组成一个里弄——公兴里，据说是民国时期

2003 年，小王府街 37 号的张大妈在院中泉井打水　雍坚摄

某官方要人所建。2008 年 5 月，35 号东小院住户已经搬走，家具器皿清理一空，室内只剩下一块缺角的石板。挪开石板，一孔直径尺许的袖珍泉井赫然显露出来，由石井沿下望，可见井壁为青砖砌成。投一颗小石子下去，随即便传来"扑通"声，看来泉水距井口很近。泉井主人柴先生是在这个院里住过的第三代人，十几天前刚刚搬走。他介绍说："柴家是济南解放后搬到这个院子的，这个井什么时候挖的我就不知道了。原来在院子里，后来加建房子时就把它'圈'进了屋里。在通自来水之前，家里吃的都是井水。通了自来水后，我们拿它当冰箱用。在里边冰过的西瓜，凉丝丝的，但一点都不炸牙！"

除以上几处泉井外，2008 年拆迁前，解放阁片区的宽厚所街 54 号、小王府街 37 号、小王府街 68 号等院落中，也都保留着百年泉井。在城市规模急剧扩张中，资源性缺水成为济南人不忍面对的尴尬。2003 年前，四大泉群悉数停喷的情况时有发生，位于珍珠泉泉群南部、黑虎泉泉群北邻的解放阁片区，却有这么多无名泉能长年有水，不得不令人对隐藏其下的泉源产生好奇。